香海文化

人間萬事 12 修持觀

悟者的心境

星雲大師 著

【總序】

生命的萬花筒

星雲

「人間萬事」是我繼「迷悟之間」、「星雲法語」之後，在《人間福報》第三個三年執筆撰寫的頭版專欄。所謂「人間萬事」，顧名思義，舉凡人世間的林林總總，包括人情、人性、人心的善惡、好壞之探討，家庭、社會、世間的問題、現象之分析，宇宙、人生、生命的真理、奧妙之窮究……等。

新的一年，「人間萬事」也要結集出版了。香海文化執行長蔡孟樺小姐將這些文章收錄編輯，發現全套書如同「生命的萬花筒」，可用來解讀人生，透見生命的密碼，所以分別以：人我觀、價值觀、人生觀、生活觀、道德觀、社會觀、倫理觀、時空觀、歷史觀、生死觀、生命觀、修持觀，輯為十二冊，期能引導讀者以佛法慧心，欣賞萬花筒般的人間，處處有善美勝景。

世人常說，生命是一門艱深難懂的學問，但是儘管生命深奧難懂，分析起來不外乎「生」與「死」兩個課題。生命的價值就是「愛」，生命的意義就是「惜」。有愛，就有生命；有愛，就有生機；有愛，就有存在；有愛，就有延續。生命不是出生以後才有，也不是死亡就算結束；生命是無始無終，生命是無內無外。生命是活力，是活用，是活動；生命要用活動、活力、活用來跟大眾建立相互的關係。

現在的社會人生，就是一個萬花筒。人有賢愚不肖，有貧富貴賤，有高矮胖瘦，有男女老少，有各種臉孔；事有大事、小事、善事、惡事、家事、國事；社會上有各種社團、各種活動、各種學校、各種語言、各種商店、各種產品……，仔細觀察，真如一個萬花筒，讓人看得眼花撩亂。

由於我們智慧有限，觀察力不夠，對萬花筒裡的社會人生，常常看得意亂情迷，隨波逐流，看不到一個真實的面目，所以，希望藉由《人間萬事》這套書的出版，觀照人世間的林林總總，找到自己真實的人生。

《人間萬事》有理、有事，有知識、有趣聞，有隱喻、有明示，有現象的分析、有問題的探討，希望藉由不同面向的思考，對各種問題的產生，提供另類的看法與正確的新觀念。撰寫這些短文時，無非希望能具體而微的刻畫出人間萬象與眾生實相，就一些世間的問題，引導大眾在談笑風生之餘，進而深思人生的哲理、探討人生的問題，繼而找出突破困境的方法。

承蒙聯合報顧問張作錦先生，知名學者閻崇年教授、陳怡安教授、林水福教授、鄭石岩教授，知名作家游乾桂先生、李偉文先生、歐銀釧小姐、林良先生、謝鵬雄先生、黃春明先生，及歐宗智校長，為此套書寫序，一併在此致謝。

是為序。

二〇〇九年一月十五日於佛光山開山寮

【推薦序】

讀悟者的書

鄭石岩

我們若對人生有了領悟，明白自己活著的意義，就能活得自在，並創造出美好幸福的人生。誠如禪家所說：「能參透為何，才能迎接任何。」師父這本書，正是要揭示個中的要義。

人的一生，從佛法所謂「實際」而言，無非是借假修真。透過悲智雙運，實現亮麗的豐富人生。但又要明白一切不可得，而契會真如。所以人生是真俗二諦互相圓融的：即一切法，離一切法，從中契悟高層的精神法界。所謂極樂淨土、常寂光淨土、華嚴淨土或十方佛界，都是指著這個。

捧著師父的新著《悟者的心境》，悠閒地在書房裡讀了起來，外頭雖然寒冬陰雨，但心頭卻有夏日的溫暖，以及春風的柔和。噢！不只如此，我是說在閱讀契悟之中，還領會到般若之光，品觸到人間萬事的豐富和精彩。讀這本書不禁想起《大般若經》諸功德相品所說：菩薩摩訶薩修行般若波羅蜜多時，以善巧方便，拔濟有情，令住無餘涅盤界；說種種菩提道，示現勸導，令住無上正等菩提。

本書由一篇篇短文集結起來，但卻脈絡連貫，以日常生活事，善巧表達真如實相。讀起來易懂，又可以在生活中活潑運用，真做到「以方便善巧，安住有情於實際中。」

修持就是要在聞、思、修中，去實現這些善巧教誡，透過它來開展人生的歡喜、信心、希望和慈悲，並洗滌情染和執著，從而參契精神法界，入佛的本懷。本書能讓讀者進一步領會到：佛法不離世間法的精神。

我從小聆聽師父說法，印象最深的就是對修心的叮嚀。他要我們用智慧和慈悲去服務社會，又要大家保持清淨不染著。這就能悲智雙運，心想事成，幸福自在。

修心的要領正是華嚴經所謂：「若人欲了知，三世一切佛，應觀法界性，一切唯心造。」現在讀這一篇篇的精妙大作，正是陶冶自己的心，讓自己起正知正見，實現正行正覺。

一篇篇的短文，言簡意賅，法義清明。現代人都很忙碌，又生活在競爭和緊張的社會之中。於是，這本書很適合放在案桌上，隨時取閱。當你心煩時，信手拿來讀一篇，像是清涼三昧水一般，能熄滅種種障礙。當你晨起或午休之後，隨意讀一兩篇，能增進覺照之力，讓生活與工作更加順利。

讀《悟者的心境》能起「相應妙慧，永斷二障」：能起菩薩大願，利樂有情；對於世間法的實現中，看出真如法性。讀這本悟者的書，能會通甚深法義，使自己也成為悟者。

（本文作者為佛學及心理學研究名家、學者）

悟者的心境

人間萬事 12 修持觀

卷一 給的修行

卷三 是非的處理

卷四 解行並重

卷一

給的修行

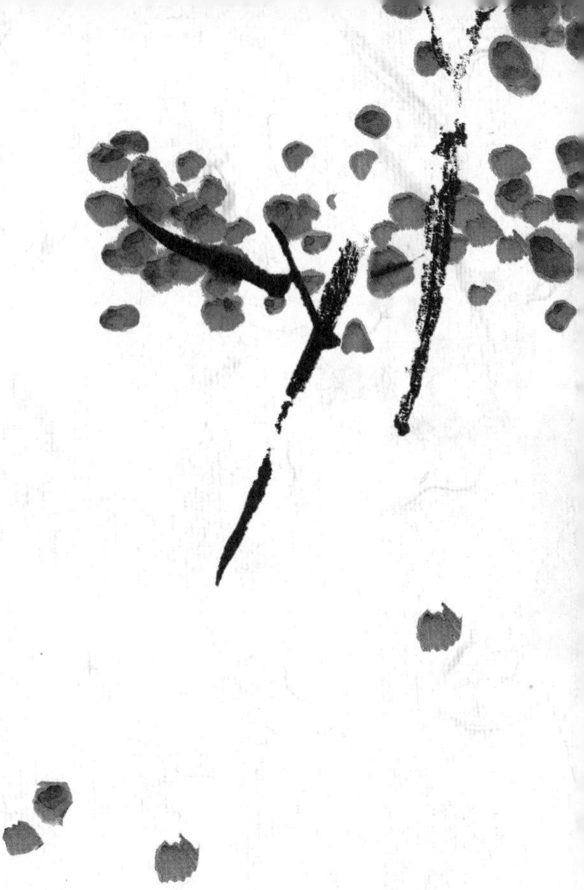

給人信心、給人歡喜、給人希望、給人方便；
給，有無限的妙用。
懂得包容、懂得和平、懂得謙讓、懂得尊重；
懂，有無限的妙解。

——《佛光菜根譚》

「心」的妙用

各位讀者，大家吉祥！

吾人的身體，每天都在奔波，忙碌工作；心也一樣，有著種種的作用。心能支使身體，心也能翻天覆地，「心」之用，可說大矣！茲述如下：

一、心安，則身體安：吾人之心，雖無形無相，但心有種種的作用，最能影響身體，所以一個人心裡安定，身體也會跟著安

定；心若不安，則食不知味，睡不安寢，自然身體的各種狀況都會發生。因此，吾人要求身安，先求其心安，如達摩祖師為慧可安心，一句「覓心了不可得」，達摩終於為慧可「安心竟」，因而成了禪宗二祖。

二、心通，則諸事通：吾人之心，和眼耳鼻舌身都有相通之道，例如有了「他心通」，則耳聰目明。吾人每天用分別心判斷事情，若能有相似的「他心通」，辦起事來自能通達順利。

三、心明，則一切明：吾人之心，有時被煩惱無明障覆，如烏雲遮蔽天空，自然光明不顯；假如心明，就好像千年闇室，一燈即明。因此，世間上的人我是非、利害得失，都要心明的人才能了知一切。

四、心開，則法門開：吾人的心，實際上都在做著「我執」的俘虜，為貪瞋癡所束縛，不能開脫自由；假如心能打開，則所有事業、法門，都會隨之而開。有人說「心中有事口難開」，其實不是口難開，是乃心不開也；心不開，則一切事情都會受到阻礙、束縛，所以「開心」也是吾人應該用功的大事。

五、心空，則萬象空：吾人之心，擁有兩個「執著」，一個執「空」，一個執「有」。如果「執有」，則心中的高牆阻礙，高山林立，萬般不得自在；假如「執空」，比較好一些，因為有空地、空屋、空的器皿，總有其用處。不過，最好是用「真空」來統一「有無」的執著，所以能覺悟到真空，如《金剛經》說：「凡所有相，皆是虛妄」，萬象一空，當然就能度一切苦厄，而得自由自在。

六、心和，則人間和：平常我們講「隨緣」、「隨順」、「隨境」，都是為了「心和」。心和，則人間的一切都會跟著和諧；心不和諧，則人間萬事就會紛紜擾攘。眼觀色，則青黃赤白；耳聽聲，則抑揚頓挫；見到人，則你我他等，差別紛擾。假如心中和諧，則所見所聞，一切自然跟著和諧。

七、心平，則萬世平：理學家張載先生所謂「為萬世開太平」，萬世如何能太

平呢？必須從「心」做起。二〇〇六年在大陸召開的「世界佛教論壇」，也是提倡「和諧社會，從心開始」。人心真正能平，則和諧社會不難呈現，所以吾人一直都在祈求「願將佛手雙垂下，摸得人心一樣平」。

八、心淨，則國土淨：佛經記載，藥師佛的東方世界是「琉璃淨土」，阿彌陀佛的西方世界是「極樂淨土」，但是為什麼釋迦牟尼佛的世界，卻是濁惡的娑婆穢土？為什麼不能如其他諸佛世界一樣清淨自然呢？當初舍利弗曾忍不住懷疑。佛陀得知舍利弗的心念後，即刻以拇指按地，剎時大地一片金黃，清淨莊嚴，堂皇無比。這時佛陀才告訴舍利弗，這就是我所建設的世界。所謂「心淨國土淨」，吾人要求世界清淨，萬事美好，人類相安，眾生和樂，唯有從吾人「心淨」做起，否則不為功也。

一念之間

各位讀者，大家吉祥！

一念之間，包含所有的時空、人我對待。一念之間，在時間上超越三大阿僧祇劫，在空間上超越東西南北十方。一念之間，如虛空之擁有宇宙；一念之間，如白駒過隙之迅速。我們的一念之間究竟是什麼樣的情況呢？

一、成功與失敗在一念之間：企業家如張忠謀，林百里、郭台銘等，他們成功的龐大事業，是在當初一念之間發展出來的；另外有許多台灣大老、企業名流，他們最後垮台倒閉，也由於一念之間算計不善。一念之間讓多少人成功，一念之間也讓多少人失敗，甚至疆場

上的一名將軍，一個口令，可能讓萬千人喪生；聖賢仁王的一個好念，也可能使無數黎民因而得救。大人物的一念之間，關乎國計民生；小人物的一念之間，影響自己全家生存得失，一念之間，豈不可不慎！。

二、快樂與痛苦在一念之間：一般人都希望增加物質的擁有，物質享受固然其樂無比，但是一旦擁有的東西失去

了，就會陷入愁雲慘霧之中，甚至惶惶不可終日。因此，一些有道的聖者，如東晉的道安大師，他希望自己擁有的東西愈少愈好；大梅法常禪師「一池荷葉衣無盡，數株松花食有餘」，他也不勝其樂；大迦葉居塚間，與白骨為伍，其樂也無窮；顏回「居陋巷，一簞食，一瓢飲，人不堪其憂，回也不改其樂」。可見痛苦與快樂不是決定於外在物質的有無，而在自己心境的修養。

三、富貴與貧窮在一念之間：世間上，人有貧窮富貴之分，但是貧富不在於錢財的擁有多少。有的人家財萬貫，但心裡不滿足，他就是富有的窮人，也有的人阮囊羞澀，但是知足常樂，他就是貧窮的富者，因此從物質上很難定人的貧富，心境才能決定一個人的苦樂。心理不滿足的人，雖居天堂，猶如地獄；少欲知足的人，雖處地獄，也如天堂。可見貧富只在於一念之間的滿足與否？

四、善良與邪惡在一念之間：《大乘起信論》說：「一心開二門」。二門就是「心真如門」與「心生滅門」。真心是一，明白真心則了脫生死，見到自性；假如不能明白自性，只有五趣六道輪迴。因此，天堂地獄只在一念之間，一念之間也擁有天堂地獄。有的人放下屠刀，立地成佛，有的人一再生死輪迴，所以與其了解三千大千世界，不如了解自己的

真心。

五、覺悟與迷惑在一念之間：一念覺為悟，一念癡為迷，「迷即眾生悟即佛」，因此諸佛菩薩的淨土，其實只是居住在覺悟之中；法界凡愚眾生則是住在迷界裡。假如一個人心中有佛菩薩，有道德良心，有眾生的利益，他離覺悟也就不遠了；假如這個人心中只有自私自我，只有自己的利益，完全不重視別人的福祉，這就是癡迷到極點了。

六、天堂與地獄在一念之間：常有人問：「天堂地獄在那裡？」當然，天堂在天堂的地方，地獄在地獄的地方，不過此說一般人並不容易了解。其實，天堂在人間，地獄也在人間。你看，那些生活舒適，衣食住行十分享受，家庭和諧無諍的人，就是生活在天堂；反之，妻離子散，三餐不繼，甚至受到刀傷、槍殺、棍打，乃至市場中那些吊掛、倒提的，不就是地獄嗎？但真實說，天堂地獄在我們的心裡，心中一念善就是天堂，心中一念惡就是地獄，你願意在天堂裡呢？還是在地獄呢？可以解剖自己的一念之間在想什麼，就可以知道了。

以上所說，三千世界、大地山河、無量阿僧祇劫、無數芸芸眾生，乃至天堂地獄都在我們的「一念之間」，一念之間不可小覷！

三寶的功用

各位讀者，大家吉祥！

一般人學佛，要經過「皈依三寶」，才算是真正的佛教徒。「三寶」是佛教的信仰中心，一般社會人士對「佛法僧」三寶不容易了解，茲以「喻」釋「義」解說如下：

一、佛如光：光有照耀、溫暖、成熟的功能。佛的光也是一樣，佛光能照耀眾生迷濛的心靈，能給炎涼的世間帶來溫暖，並能成熟我們的未來，所以佛如光，佛光要普照。

二、法如水：水有生長、解渴、洗滌的功能。法的水也是一樣，法水能滋長我們的慧命，能解除心靈的飢渴，能洗滌無始的罪業，所以法如水，法水要長流。

三、僧如田：田有開發、種植、培福的功能。僧伽的福田也是一樣，可以幫助我們開發內心的清淨自性，能讓我們種植功德，提供我們培福的良因，所以僧如田，僧田要耕種。

既然用光、水、田來比喻佛、法、僧，那麼我們進一步要知道：皈依佛，就好像在我們的心中建設了一間電力公司；皈依法，就如同在我們的心裡營建了一座自來水廠；皈依僧，就譬如在我們的心底開發了一畝良田土地。所以皈依佛法僧三寶，就是點亮我們的心靈燈光，就是儲蓄我們的甘露法水，就是長養我們的菩提花果。

其實，皈依三寶，佛不要我們皈依，法也不要我們皈依，僧也不要我們皈依；我們要皈依的，還是自己。我們要借助「常住三寶」，開發我們內在的「自性三寶」。如果能自覺皈依佛「我就是佛」，則佛陀功德廣被，神通妙用。我能如佛一樣，慈悲應世，給予世人的照顧、依靠，則當下自己不就是佛陀了嗎？

皈依法，法理通於做人處世，有方法則事半功倍，人怎可沒有「法」呢？皈依僧，僧如師長的教導，如善知識的開示，如一方良田，供我們生長功德，何不培植呢？

皈依三寶，三寶雖有「佛法僧」三者，但以「法」為中心。佛是「依法成佛」，僧也是「以法攝僧」，如無「法」，世上即無「佛」與「僧」。所以「法性」是每個人的本性，所謂「自依止、法依止，莫異依止。」這才是皈依三寶的真正意義。

吾人在五趣六道裡輪迴，生死流轉不已，找不到依靠。如今能夠皈依三寶，以三寶為舟航，以三寶為手杖，以三寶為燈光，以三寶為目標；人人皈依三寶，人人就是三寶的中流砥柱，豈不幸哉！

「用」的意義

各位讀者，大家吉祥！

俗語說「天生我才必有用」，現在舉世都很重視資源回收，可以說連廢物都能再利用，所以世間之大，萬物必皆有用。能用才有價值，而且要能用得恰當，用得適所，才更有意義。茲將「用」的意義，略述如下：

一、**用人唯才，才能不計親疏**：人，要能給人利用，才有價值。用人，也有用人之道。用人唯才，這不但是成就事業的必要條件，而且用人唯才，才能不計親疏，才能不受人情包圍，才不會有後遺症。只是世上一般「用人」，總喜歡拉「裙帶關係」，雖有好處，也有弊端。

二、用法如秤，才能無私無執：我們與人合作、相處，總應該有章法，如合約、信條等。但最重要的是，彼此都要公正、公平，如秤之平衡，才能無私無執，如此共事才能長久，朋友的情誼也才能經得起考驗。

三、用情須專，才能始終如一：人是感情的動物，平時與朋友的相處，對父母的孝順，乃至男女的來往，都應該用情要專，切忌見異思遷，虛偽應付。所謂「假情假義」，一旦被人識破，不但關係不能維持，甚至感情破裂，反目成仇。

四、用物節省，才能積福進德：吾人生到世間做人，都是有很大的福德因緣。福德因緣如銀行的存款，要節省儉用，否則透支負債的時候，銀行是六親不認的。平時用水，要想「滴水如金」，不能浪費；用電時，更要隨手開關，節省能源。就算家境富有，也要淡泊樸素，這不但是積福進德，也是給後世子孫最好的教育。

五、用功要恆，才能養深積厚：人在世間，從小父母、老師就教導我們要用功。讀書要用功，修行要用功，但是用功就如發心，菩提心好發，恆常心難持。用功的價值，在持之有恆，例如學外語，有恆心，外語必能學得好；學技術，有恆心，技術必定學得精。讀書做人，養成恆常的習慣，必定能學好做人處事。

六、用心若鏡，才能澄清明澈：儒家說：「非禮勿視，非禮勿聽，非禮勿言。」佛教講，用心時，要能惡念不生，甚至要不思善、不思惡。能夠一念不生，心如明鏡，如此做人才會澄清明澈，才能人格無瑕，才會獲得別人的尊敬。

七、用道光明，才能公平正直：人活著，是憑一個「道」做準則。道，就是人生的軌則，所謂「不依規矩，不成方圓」。但世上有很多假道之人，借「道」之名，為非作歹，殊為可怕。

所謂「天理良心」，不是要求別人，是要要求自己，如果用道光明磊落，對人對事才能公平正直。一個人公平正直，做人沒有瑕疵，還怕別人不尊敬你嗎？

八、用智純善，才能完美無邪：人在世間，做人也好，處事也好，總要憑藉靈巧智慧。但靈巧智慧不是教吾人要狡猾，而是叫我們要能純潔善良。雖是朋友，如同手足；雖為外人，四海之內，也如兄如弟。就像佛陀在經典裡交待弟子：「一切男子是我父，一切女子是我母……」你能把別人當成是自己的父母兄弟，則別人還會欺負你嗎？所以用智純善，人生才能圓滿。

「明」的重要

各位讀者，大家吉祥！

十九世紀時，非洲被稱為「黑暗大陸」；時至今日，不只非洲，世界上還有很多人生活在黑暗裡。外面雖有陽光普照，心靈卻是黑暗而見不到希望，所以一般人莫不祈求有個「光明」的前途。不管是政治的清明，還是社會的光明，都說明「光明」對人生的重要。茲述「明」的重要如下：

一、**鏡子要明，映物才真**：世間上，人能看到身外的萬事萬物，但看不到自己的臉孔，所以要仰賴鏡子。自古以來，禪門都說「心如明鏡台」，鏡子要明，才能看清自己，鏡子要明，映物才真。假如鏡子被塵埃污染，就會真相不明。所以古代對於作官的人，都用「明鏡高懸」，表示在高位者，要好好看清人間，明斷是非。

二、**月亮要明，皎潔才美**：太陽是普世之光，相較之下，月亮的明亮則有皎潔溫柔之美，更為人喜愛。因此，自古以來，多少的騷人墨客描寫月亮的詩篇，為人所讚美。現在科學進步，人類已登陸月球，但是並不能讓月亮放光，仍然要靠太陽的照耀，才能見出皎潔的月光。這就如同人與人之間，要相互關照，才能激盪彼此的功能。

三、**做人要明，處事才智**：俗語說：「明人不作暗事」，做人要光明磊落，要能接受社會大眾的評鑑。做人處事明快，才是能人，才是智人。一個人如果自私，糊塗不明，為人所不喜，那就真的是「做人難，人難做，難做人」了。

四、**法曹要明，斷案才清**：世間上的人，有時難免糊塗，但是身為一個教育家，不能不明，否則「以盲引盲」，誤人子弟。此外，法官斷案時，必須清明、正直、公平、仔細，否則冤案不斷，自己將來必然也得面對因果的審判。

五、**佛陀要明，衆生才信**：有宗教信仰的人，總希望他所信仰的對象非常靈感；如果佛菩薩都不靈感，我們信他何用？當然，佛菩薩的靈感清明，也要眾生的信心恭敬，所謂「眾生心垢淨」，自然「菩提月現前」。

六、**心地要明，行為才善**：學佛的人，最重要的就是要發明心地，認識自己的本來面目。古代的修行者，心地不明，如喪考妣；心地已明，也是如喪考妣。因為覺得自己過去無明沉淪，好不容易才摸到自己生命的觸覺，才找到自己而能夠與佛同一鼻孔出氣，所以「發明心地」，實在是一個有心人最重要的功課。

如上所說，「明」的重要可想而知。就如大海的舟船，燈塔是他的明燈；暗巷的明燈，是夜歸人的護航。多少學子，在如豆的油燈下，靠著那一點點的光明，學通經論，造福社會；佛前的一盞油燈，或是爐中的一支線香，幫助多少人重燃生命的希望。所以光明是值得歌頌的，我們知道了光明的重要，繼而能做眾生的光明，更是重要。

「知」的價值

各位讀者，大家吉祥！

世間上有很多聖賢，我們稱他們為「先知」、「先覺」；反之，有的人不但「後知後覺」，甚至「不知不覺」。假如是「無知」還好，有的人雖有「知識」，但知識生病了，那就是「愚癡」、「無明」了。所以做人除了要有「知識」，更要知財、知事、知情、知人、知心、知理。茲述如下：

一、知財者要善用：人在世間生活，先要研究與自己有關的問題，例如衣食住行，都離不開金錢，對於金錢經濟，必須要有所知。一個人可以不貪財，但不能不知財的重要，即使現在的大學，都有專門研究與金錢、財務有關的經濟學、財政學。因為金錢不是只為了給我們個人花用、享受，金錢乃普天之下大眾所共有，有財的人應該要善於用財，所謂「有財是福報，用財是智慧」。善於使用財富的人，如布施、行善，依財成事、以財救苦，這才是財之價值也。

二、知事者要善做：吾人每日的生活，對於家庭的整理，三餐的飲食，健康的保護，朋友的交往，甚至一切事業的經營，都要能透徹的了然於心。甚至一切事不能只為自己做，要歡喜為人而做，為人服務。為己做，小事也；為人服務，大事也。當今社會人口老化，每一個年輕人都負擔二位至三位老人的贍養；其實真正有為的人生，應該樂為天下蒼生的滿足而做，所以「善做」者，則為知事矣！

三、知情者要善受：人是感情的動物，佛教把人類，乃至一切有生命的，都稱為「有情」。雖是牛馬，也有夫妻之情、子女之情，所以情有愛情、交情、恩情。我們享受人間多少的溫情，既然人間給我以情愛，我也要回報給人家以溫情，所以吾人在世間，什麼都可以缺少，就是對人的感恩之情，不可缺少也。

四、知人者要善使：知財、知事，都還容易，知人就很難了。因為事物任人安排，沒有意見，金錢任你使用，也不吭一聲；唯有人，他有意見、有分別，他對於自己喜好的人則愛之受之，對不喜歡的人則厭之棄之。可是人是群居的動物，自古以來多少的帝王，因為善於使用人民，國富民強；很多的團體，善於知人善用，成就一番偉大的事業。韓愈說得好：「世有伯樂，後有千里馬；千里馬常有，伯樂不常有。」知馬難，知人更難；如果知人更能善使，則又更難矣！所以吾人要想成就一番事業，非得知人善使，否則不易為功也。

五、知理者要善說：「知理」者就是一些學者、教授，古來都稱為「士」。士農工商，把說理的「士」擺在前面，可見對說理者的尊重。在佛經裡，也讚歎一些傳教士、法師們善說、樂說，提拔後進不遺餘力。現在舉世各國，對於教育的重視，超過往昔多矣。所以每一位學者教授，應該無私的，把知識、經驗、技術，傳授下一代，甚至讓下一代「青出於藍，更勝於藍」，這才是善說者的偉大之處。

六、**知心者要善護**：在很多的「知」當中，能知道自己的心，可以說最為重要了。我們的心如猿猴，跳躍不停；心如盜賊，作惡多端；心如烈火，可以燒壞事物；心如國王，能下達命令。但是心也能有善心、慈心；能有慈悲喜捨的四無量心，也能有四弘誓願的大發心。如果透過信仰，而對自己的善心好好護持，則人間無有不善矣！

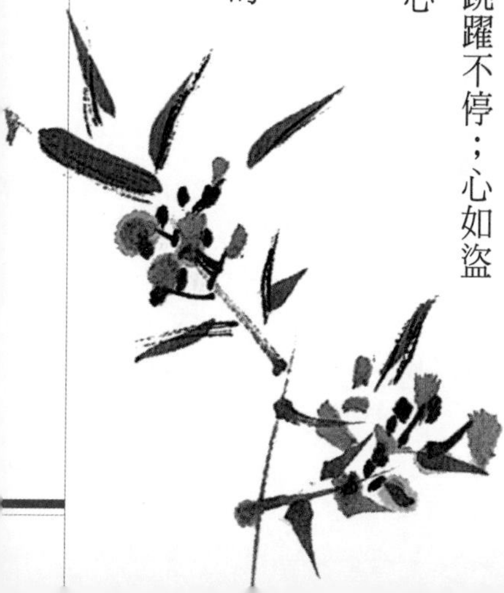

「空」的眞理

各位讀者，大家吉祥！

「空」，是世間最奧妙而神奇的東西，一般人以為「空」就是沒有，其實如果沒有「虛空」，萬物放在那裡呢？由此可知，「空」不是沒有，空是成就宇宙萬有的條件。就如茶杯空了，就能裝水，房子空了，就能住人，口袋空了，就能放錢，眼耳鼻舌身和腸胃都有空間，如果阻塞不通，人就很難活下去了。所以「空」之偉大，「空」與吾人的關係之密切，由此可見。

《般若心經》講：「空即是色」，就是說明「空」才是「有」。但是「有」也是「因緣」所成，緣散則滅，所以「色即是空」，空有是一如的。茲舉世間常見的一些現象，說明「空」之用：

一、鐘鼓不空則啞：一般寺院的大雄寶殿裡，都可見到大鐘大鼓。洪亮的鐘聲發自於鐘的中心是空的，咚咚的鼓聲也是發自於鼓的中空構造；如果不空，則鐘也不鳴，鼓也不響了。所以鐘鼓之聲，原來需要「空」才能響亮。

二、溝渠不空則塞：溝渠裡的流水，因為沒有阻礙，水才能源源不斷；假如水溝淤積阻塞，則水不能流動，不能流動的死水，怎麼能保持潔淨呢？所以我們在享用淨水的同時，也該感謝溝渠的通暢，才有淨水可用。

三、耳朵不空則聾：耳朵所以能聽到外界的聲音，主要是耳朵的構造有「空」隙，當聲波傳到耳朵時，可使耳膜振動，與聲波產生共鳴、相應。如果耳朵阻塞，則聲波不能震動，將是一個死寂的世界。

四、鼻孔不空則窒：人所以活著，就是因為鼻孔能呼吸，假如鼻子沒有空間，呼吸不能通暢，就會一命嗚呼，所以《四十二章經》說：「人命在呼吸間」。也可以說，生命需要「空」才能存在，假如沒有「空」，則世間上的人，一個也活不了。

五、口腔不空則閉：我們的一張口，要說話，別人才知道我的意思；要吃飯，才有營養活下去。假如口腔不空，如何能說話？飯食、菜餚如何下嚥？所以口腔不空，人也無法自然生存。

六、腸胃不空則病：宇宙虛空，甚至我們身體的腸胃都要有空間；腸胃不空，消化不良，產生許多疾病，人活著也是折磨。所以，腸胃要空，才能吸收養分，才能正常消化，身康才會體健。你能說「空」不重要嗎？

七、道理不空則滯：世間到處都聽人在講真理，什麼是真理？

「空」就是真理。不能認識「空」的真理，其他萬事萬物怎麼解釋？怎麼存在呢？因為有「空」的本體，才能假因緣合和，才有萬物的生起。了解「空」、「有」的關係，這個世間的事理才能融和，有、無的形相才能成立；假如道理中缺乏一個「空」義，則如《中論》說：「以有空義故，一切法得成；若無空義者，一切則不成。」

八、內心不空則暗：「空」的寶貴，吾人最受用的，大概就是「心空」了。「若人欲識佛境界，當淨其意如虛空」，心不空，不會了解佛的境界；心不空，則真理無法進入心裡。所謂「心如虛空，量周沙界」，一個人的心量有多大，成就才有多大。所以，心要空，學佛才能及第歸。

「給」的修行

各位讀者，大家吉祥！

佛光山開山之初，我就為佛光人訂出四大工作信條：一、給人信心，二、給人歡喜，三、給人希望，四、給人方便。這四個德目對今日社會，有很大影響，茲再略說此中心要：

一、給人信心——就是關懷他人多讚歎：一般人講話，常常令人感到挫折，讓人喪失信心。我覺得講話既不需要費很大力氣，也不必花費很多金錢，只要在修辭上加以注意，就能給人信心。例如，你罵人「沒有出息」，不如改說「你只要努力，就會有前途，就會成功」。一個人不會唱歌，你可以讚美他「你講話很好聽」。我一生都很注意自己的言行，總想提昇別人、幫助別人，而不可以用自己的氣勢來壓制別人，所以從課堂上的教育，到對廣大民間社團的講演，以及私下課徒，我都本諸「給人信心」來讚歎別人。讚美的語言如寒冬的太陽，每個人都有這些法寶，為什麼不肯應用呢？

二、給人歡喜——就是面帶微笑常問好：我經常自我反省、檢討，我在世間與人相處，我對他人有何利益？我的行為、語言、動作，有讓別人受到傷害、委屈嗎？如果有，我不是很缺德嗎？所以佛法裡的語言布施、心意布施、微笑布施，我一直都很努力在實踐這些不花力氣、不費金錢的修行。直到現在，不論走到何處，不管年齡老少，我都樂於親近，因為每個人都值得我們真情的對他問好，讓他歡喜。甚至我覺得只給一個人歡喜還不夠，應該給大家都歡喜，因此我發願要把歡喜布滿人間，希望讓大家都能了解，這是個歡喜的人間。

三、給人希望——就是言談舉止要鼓勵：從五十多年前我在宜蘭開始弘法，就有一些年輕人跟隨我，我自覺自己沒有什麼奇異的才能，或是特殊的教化，我只是讓他們覺得明天有希望。人生是活在希望裡，人如果到了沒有希望的時候，活著就沒有意義，那就是世界末日來臨了。所謂「希望」，就是我對明日有期待，例如明天我可以做一場講演，後天我可以參與一些公益，明年我可以到世界遊歷等。所以孔子說：「發憤忘食，樂以忘憂，不知老之將至也。」因此，我從給別人希望當中，我對自己的未來也充滿了希望，雖然不一定實現，但擁有希望就已經很富有了。

四、給人方便——就是凡事相助不推諉：我從小出生在貧窮之家，但仍獲得許多親友的照顧，我想到人家給我因緣、方便，我現在能不給人因緣、方便嗎？我的食衣住行都是仰賴十方供給，每日的興

趣娛樂，也依靠大眾的提供。尤其人家給我方便，助我建寺院、辦學校、做慈善、印經書，為什麼我不能給人方便呢？因此我就藉助大家的力量，完成大家的希望，人家給我方便，我也完成他人的方便。

自從創建佛光山至今四十年來，我一直奉行「給人信心、給人歡喜、給人希望、給人方便」。假如再假我以餘年，我不管是封山、封人，我的心永遠不會封閉，我願意一直「給人信心、給人歡喜、給人希望、給人方便」，希望佛光人也都能如是奉行。

人所應怕

各位讀者，大家吉祥！

一個人在世間上生存，先要具備各種生存的條件，尤其一旦出了社會，成為社會人之後，在大眾中一定要樹立「人」的形象。人之所怕，就是不像個人；不像人的原因，則是有了缺點不改，當然就無法做個像樣的正常人，例如：

一、懶惰：所謂「天生我才必有用」，但是一個人如果懶惰，做任何事都提不起精神，終日無所事事，成為無業遊民，不但為家庭所不容，也為社會所唾棄，所以一個人一旦被人譏為「懶鬼」，真是最大的悲哀。

二、無信：信用是人的第二生命，所以做人應該樹立「誠信」的品牌。一個人如果沒有誠信，以詐術應世，到處欺瞞行騙，則騙人只能一次，但是人生的歲月不是只有一天而已，所以沒有誠信的人，為人輕視，為人不恥，這是罪有應得。

三、無志：做人有沒有出息，就看他有志無志。有志的人，不斷向前、向上，無志的人，所謂「扶不起的阿斗」，所以儒家鼓勵士子要立志，佛教勸勉佛教徒要發願，有志願才能有所成就。

四、無賴：在大眾裡，無賴漢最不受人歡迎。所謂「無賴」，就是到處打秋風、敲竹槓、占人便宜，整天只知吃喝玩樂，完全不知羞恥；由於沒有人格尊嚴，最後淪為社會的敗類，所以為人所害怕。

五、狡猾：做人的根本，就是要規矩、老實，一個生性狡猾的人，不守信用，不講究良知，對人總是能騙則騙、能欺則欺；雖然靠著狡猾，耍弄小聰明，或許能蒙混一時，但是日久終將為人所唾棄。

六、鬥狠：社會上有一些人，喜歡逞強鬥狠，到處欺壓善良，靠著投機取巧，專門取所不應取之財、做所不應做之事，所謂強取豪奪、連騙帶搶。但是我們幾曾看過鬥狠的人能為人所敬重？鬥狠不但無法留芳千古，而且遺臭萬年。

七、說謊：有的人認為說謊只是一種不好的習慣，其實說謊是很大的罪惡，佛教把「妄語」列為四根本戒之一。說謊騙人，欺世盜名，不但讓人敬而遠之，有時候「狼來了」喊多了，受害的是自己。

八、怪僻：在大眾裡，有一些人生性怪僻，行為舉止總是異於常人，例如《阿含經》所說「應喜而不喜」，有的人在人群裡，當別人都在歡喜的談天說笑，只有他一個人滿臉的不高興，甚至處處跟人唱反調，這種人當然不會受到團體大眾所歡迎，甚至被列為可怕人物。人，不要做個讓人覺得可怕的人，例如有一些人儘說一些可怕的話、做一些可怕的事，甚至有一些可怕的思想。人一旦讓人覺得可怕，對自己的成功立業將是一大障礙。

人間聖賢

各位讀者，大家吉祥！

佛經說，人生有十種性格：佛性、菩薩性、緣覺性、聲聞性、阿修羅性、天性、人性、地獄性、餓鬼性、畜生性。人間固然有許多地獄、餓鬼、畜生，但也有許多如佛、菩薩的聖賢，例如：

一、**為國忘家**：在人間的聖賢當中，為國為家的人算是最難得的了。例如，為了發展國家憲政而犧牲生命的清光緒「六君子」，以及一九一〇年殉難的黃花崗七十二烈士，他們都是為國為家，犧牲小我，完成大我。另外，最為人稱道的大禹王，為了治水「三過家門而不入」，這種為國忘家的精神，其心可昭日月，吾人不可因為時代久遠而遺忘他們。

二、為公忘私：每一個時代，都有許多為公忘私的聖賢，例如創立民國的孫中山先生，倡導「天下為公」。再如抗日時期，陸軍的張自忠、空軍的高志航，他們都是為國捐軀，為公忘私，以聖賢稱之，當之無愧。其實，歷代皇朝都有許多賢臣，他們為了奏請民生富樂之計，不惜冒死直諫，雖然皇帝要砍他們的頭，他們仍然毫不畏懼的說：請陛下聽臣說完再砍不遲！這種以死許國，因公忘私的精神，令人肅然。

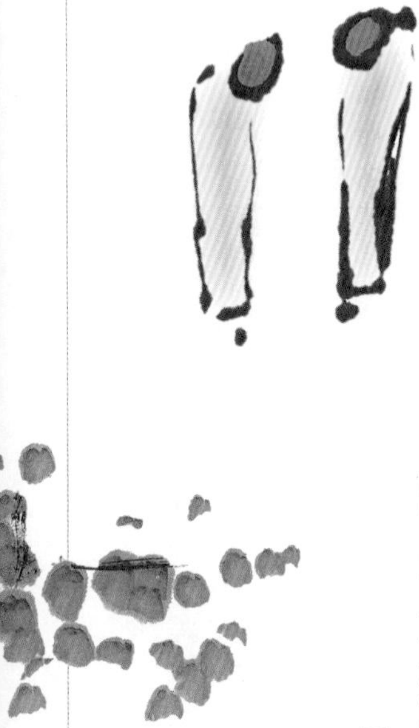

三、為人忘我：每一個時代，為人忘我的聖賢豪傑也是不計其數，因此能維護天地間的正氣。例如佛陀時代的摩

訶男，因為瑠璃王要消滅迦毘羅衛城。當要血洗殺戮的時候，身為城主的摩訶男對琉璃王說：「這畢竟是佛陀的故鄉，請你接受我最後的一個要求！」琉璃王問：「甚麼要求？」摩訶男說：「現在你要殺死這麼多人也不容易，請你讓我潛到水底下去，你就讓他們逃命，等我從水底浮上來的時候，沒有來得及逃的人，再請你去殺！」琉璃王覺得有趣，於是答應。當摩訶男潛入水中的時候，即刻把頭髮縛在樹根上，他以犧牲自己的生命，爭取城民逃命的時間，這就是聖賢可歌可泣的行儀。

四、為義忘利：春秋戰國時期，孟子見梁惠王，王問：「叟，不遠千里而來，亦將有以利吾國乎？」孟子對曰：「王，何必曰利？亦有仁義而已矣。」世間一般人的看法與聖賢不同，世俗之見都以利為先，而聖賢則以義為先。自古以來，中國有很多的義莊、義井、義田、義校、義塚、義橋等，因義而建的事業，當中意義無限。另外，還有義士、義消、義警等，他們的義行，為人間留下許多美好的佳話。

五、為法忘軀：在人間裡，為法忘軀的聖賢可以說車載斗量，為數甚多。例如迦葉摩騰、竺法蘭二位尊者，在佛法東傳之初，他們與神通廣大的道士鬥法，險象環生，最後終於憑著佛陀舍利的法力戰勝道士，佛法因此得以在中國廣大弘傳。再如神會大師在滑台大會為六祖大師定位，他以老邁之軀，冒著生命危險，慷慨激昂的發表高論，終於讓師門大法得以順利弘傳。今人能夠得以聞法學佛，實在應該感謝這些為法忘軀的聖賢，如果沒有他們，何能致之！

十供養

各位讀者，大家吉祥！

佛教很講究「供養」，一般信徒對佛教的宗教師有所謂「四事供養」，即：衣服、飲食、臥具、醫藥。除了物品供養以外，也有以土地供養、身體供養、心意供養或綜合供養等。

供養也是一種修行法門，平時佛教徒常說要

修行，最好的修行無如每天行「三種供養」：做好事的身供養、說好話的口供養、存好心的心供養，也就是「三業供養」。

此外，佛教徒唱香讚「戒定真香」，用戒供養；禪定總持，用定供養；慧學回向，用慧供養；戒定慧「三學增上」，就是修行，也是無上的供養。

供養就是布施，布施要慎選福田，供養也要選一個好對象，如《四十二章經》說：「飯惡人百，不如飯一善人；飯善人千，不如飯一持五戒者；飯五戒者萬，不如飯一須陀洹；飯百萬須陀洹，不如飯一斯陀含；飯千萬斯陀含，不如飯一阿那含；飯一億阿那含，不如飯一阿羅漢；飯十億阿羅漢，不如飯一辟支佛；飯百億辟支佛，不如飯一三世諸佛；飯千億三世諸佛，不如飯一無念無位無修無證者。」

所以，供養者只要心意虔誠，而且所供養的對象是真正發菩提心利濟眾生的修行者，必能獲得無上功德。茲以「十供養」為例，說明供養的功德利益如下：

一、**供養香花**：處事如花，見者歡喜，身常香潔，歡喜真理。

二、供養清香：心神安寧，身體潔淨，三業清淨，多聞妙法。
三、供養明燈：眼睛明亮，事業順利，觀念正確，智慧圓滿。
四、供養塗油：身體芬芳，沒有病痛，手足柔軟，皮膚色美。
五、供養飲食：壽命綿長，相貌莊嚴，身心安樂，辯才無礙。
六、供養茶水：口齒芳香，身心清淨，遠離煩惱，人緣良好。
七、供養水果：遠離瘟疫，不受災害，享受快樂，早證佛果。
八、供養寶物：相貌莊嚴，風度美好，破除慳貪，速證聖果。
九、供養珍珠：事業圓滿，內心明亮，所有安全，不遭破壞。
十、供養衣服：懷慚愧心，皮膚潔淨，色澤柔美，具有財寶。

總結以上的各項供養，其實最好的供養就是「心香一瓣，遍滿十方」。虔誠的真心，才是真正的供養。

十修歌

各位讀者，大家吉祥！

佛教講「修行」，有的人要到深山裡修，有的人想在寺院裡修，有的人就在家庭裡修，也有的人選擇在人群中修。其實，真正懂得修行的人，處處都可以做為修行的道場。

另外，喜歡參禪的人，到禪堂裡打坐；喜歡念佛的人，到念佛堂裡靜修；喜歡學密的人，到壇場裡結印；喜歡聞法的人，到處聽經。也有的人喜歡到寺廟裡做早課，有的人喜歡參加假日共修法會，有的人喜歡結伴朝山，也有的人喜歡行善作福。

總之，修行的方法很多，可以閉目冥思、瞻仰佛像，可以聽經聞法、諦聽無情說法，甚至也能以音聲作佛事，唱誦、稱念、讚歎，無一不是修行之道。

為了修行，有的人跋山涉水，尋師訪道；有的人萬里奔波，找尋皈依處。有的人「修你修我又修他」，有的人「修身修口又修心」，有的人「修時修地修人我」，有的人「修福修慧修資糧」。當然，凡夫要想超越自己，希望成賢成聖，必得要修行。好比破舊的衣服不縫補，穿起來就不體面；漏水的房屋不修補，住起來會不安心。同樣的，妄想紛飛的心不清理，又如何能超越自我呢？

以佛教禪門的打坐為例。身口意三業若想要與佛心相應，首先可

以用「毘盧遮那七支坐法」調身，以「九住心」令心專注一境，或是智者大師的「六妙門」、六祖惠能大師的「無相頌」等做為修持，如此定慧等持，日久修行必能漸露曙光。

除了禪坐，念佛也是方法。念佛有持名念佛、觀想念佛、實相念佛，有計數念、禮佛念、金剛念等方式。最重要的是，念佛要能念到一心不亂。當然，念佛也不能光只是念，還要修「三十七助道品」，因為往生淨土，不可以缺少福德因緣。

若是身為出家僧侶，五堂功課正常，行住坐臥有威儀，吃飯心存五觀想，平時持誦各種經文等，也都是修行法門。

信仰的入門實在有多種，但是一般人總想「修行成佛」，卻很少聽到要「修行做人」。其實，修行先要把人做好，所謂「人成即佛成」。在此為讀者獻上一首「十修歌」，提供做人的修持法門：

一修人我不計較
二修彼此不比較
三修處事有禮貌
四修見人要微笑
五修吃虧不要緊
六修待人要厚道
七修心內無煩惱
八修口中多說好
九修所交皆君子
十修大家成佛道
若是人人能十修
佛國淨土樂逍遙

不肯放下

各位讀者，大家吉祥！

有一個青年，爬山時不慎滑入山谷，所幸及時攀住一根樹藤，沒有跌死。但他抬頭一看，上面是懸崖峭壁，下面是萬丈深坑。這一嚇，趕快大叫「佛祖救我！佛祖救我！」

佛祖真的應聲而至，青年一見，十分高興，說：「佛祖！請您慈悲救我一命吧！」佛祖說：「我是想救你，但只怕你不聽我的話。」青年說：「這都什麼時候了，我怎麼敢不聽您的話呢？」佛祖說：「好，你肯聽我的話，現在就請你把手放下來，我來救你！」青年一聽，還得了，把手放下來，不就跌死了嗎？因此不但不肯放手，反了

抓得更緊！佛祖說：「你如此不肯放下，我怎麼救你呢？」

不肯放下，就不能得救！人生有些什麼不肯放下的呢？

一、失去的愛情不肯放下：

一對戀人，忽然一方變了心，提出分手，另一方百思不解，為什麼他會變心？他對失去的愛情始終不肯放下，每日憂愁煩悶，覺得人生乏味，百無聊賴。其實，天上的星星千萬顆，地上的人兒比星多，為什麼痛苦只為他一個？

二、**被騙的金錢不肯放下**：現代人投資理財，有時候跟人合夥投資，金錢被對方騙光，一生的心血完全泡湯。甚至有的人以房屋抵押，為人保證，結果對方惡性倒閉，自己要負連帶責任，只有把房子也賠了進去。面對一生的心血付諸流水，真是心有不甘，心中實在無法放下，但又投訴無門，怎麼辦呢？只有告訴自己，前世欠他的，今生他用這個方法來討回。如果我們不用「償還想」，又能如何呢？

三、**下台的失落不肯放下**：人的一生當中，在職場上必定有好多次上台、下台的經驗。有的人上台容易，不容易下台，有人不容易上台，但容易下台。對於上台的風光，歡喜慶賀，認為這是人生最大的價值；但下台的時候，感到失落，不能放下。不能放下，又能怎麼辦呢？長官基於工作的必要，團體基於人事的安排，你不接受，能抗拒嗎？不如表現自己的風度，下台的時候就想：放棄後腳的一步，才能向前跨出一步！或者告訴自己：這個跑道不行，換個跑道，也可以重新再起！最重要的是，千萬不要放不下，而讓自己下台的背影太難看。

四、擁有的失去不肯放下：已經通知你領取的獎章，忽然變卦，為別人所得，你覺得煮熟了的鴨子忽然飛去，心有不甘，情有不願，實在放不下。才一歲、二歲的兒女，忽然夭亡，實在不能接受，難以放下！世間上，多數人對過去光榮的歲月不能放下，對過去的人情關係不能放下；對於失去的，你不能放下，又能奈何？花朵萎謝了，不到時候不會再開放；流水逝去了，不復再來。人生要能「提得起、放得下」，唯有放下，才能再提起。佛經裡「吉祥草」的故事，不是已經明白告訴我們「放下」的意義了嗎？

五指爭大

各位讀者，大家吉祥！

「同體共生」是現在這個時代，也是這個世界最開明、最優良的思想。所謂「同體共生」，就是要大家「同中存異、異中求同」，彼此包容、彼此尊重，就如人體的五官，要相互共生，才能共存。例如耳朵和眼睛，一個只管看，一個負責聽，彼此分工合作，才能共同生存。如果耳朵嫉妒眼睛，沒有眼睛來看，走路就會有跌到山谷裡的危險；眼睛如果討厭鼻子，沒有鼻子呼吸，可能就會一命嗚呼。

佛經裡有一個「五指爭大」的故事。有一天，五個手指頭吵架，彼此爭相比大：

一、大姆指首先說：「我最好，我最前，我是老大。」

二、食指接著說：「我最有用，民以食為天，日常的三餐飲食，都要經過我食指先嚐一嚐味道，甚至我這食指一指，到這邊，你們就到這邊；到那邊，你們就通通要到那邊去，所以我最有用。」

三、中指當然不服氣，就說：「五個手指頭我最長，我最中間，當然你們都要聽我的。」

四、無名指也不服氣，他說：「無名才是真名，所有的結婚戒指、珍貴寶物，都要戴到無名指上，所以只有我最珠光寶氣，我最名貴。」

五、小姆指一直不開口，大家覺得很奇怪，為什麼你不講話呢？小姆指說：「我最小、最後，我那裡能跟你們比呢？」

大家一聽，覺得小姆指還算不錯，懂得認清自己，肯得自我謙虛。可是就在這個時候，小姆指說話了，他說：「不過當人們心存恭敬，合起掌來的時候，是我最靠近佛祖。」

「同體共生」就是要彼此合掌恭敬。日本大企業家松下幸之助曾說：「當我的公司員工達到百名時，我就身先士卒，以身作則；當員工達千人時，我讓大家分層負責；當員工上萬時，我在幕後合掌，感謝他們帶來我的成就。」

其實，五個手指頭分開來誰也不偉大，唯有團結起來，成為一個拳頭才有力量。所以，一個團體懂得發揮同體共生的精神，就能相互尊重，相互關懷；一個社會，甚至一個國家的人民，人人都能互相尊重，彼此有同體共生的理念，就能共同營造富樂的生活，共同創造和諧的淨土。

五停心觀

各位讀者，大家吉祥！

佛教有云：「佛說一切法，為治一切心；若無一切心，何用一切法？」吾人之「心」，既是生命的根本，又是生死的源頭；心既具足自我的清淨本性，又充滿了無始的無明煩惱。所以，如何「轉識成智」，如何「去妄歸真」，就需要有各種的法門來對治。例如，針對貪欲、瞋恚、愚癡、我執、散亂等五心，就有「五停心觀」可以對治，使我們煩惱降伏，妄心不起，到達解脫自在之境。

茲將「五停心觀」分述如下：

一、以不淨觀對治貪欲：吾人為什麼會有貪欲？就是因為對世間生起種種的愛欲、愛執，總要得之而後快，這時就要用「不淨觀」來對治。例如，對色身執著者，觀想「粉面桃花，不過是帶肉骷髏；嬌媚之身，不過是膿血聚集。」所謂花瓶雖美，裡面也會藏污納垢，有何可愛？

二、**以慈悲觀對治瞋恚**：吾人起了貪心，是因為「愛執」；反之，「不愛」的就會生起瞋心、恨心，這時如能生起「慈悲心」，就能對治。所謂「慈悲」，慈者，給人一切樂事；悲者，拔人一切痛苦。既然我們發心要給人快樂，拔人痛苦，自然不會對他人生起瞋心。再說，慈悲者，要視人如己；對己瞋恚，豈非不智之至？

三、**以緣起觀對治愚癡**：人生在世，所以對萬事萬物不能認清，甚至對自己的本來面目都不認識，都是因為「愚癡」，不能看出世間的真相。例如，一張桌子，實際上不是桌子，他是結合宇宙之間，風

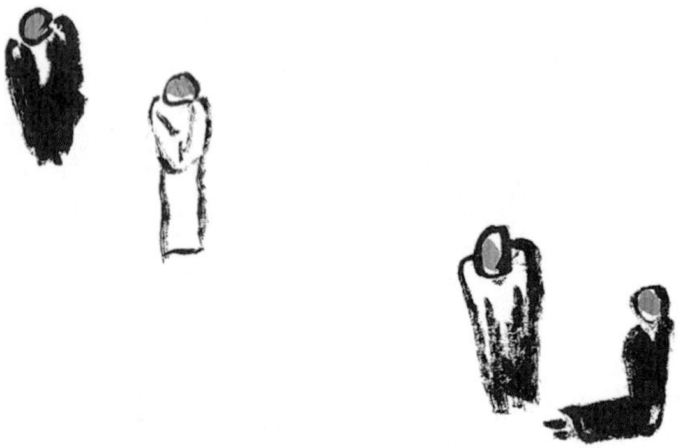

霜雨露等各種因緣長成的樹木，經過人工製作而成；他是宇宙萬有的總合，不是一人所成。如果眾生能悟懂宇宙一切都是緣起緣滅，自然對世界生滅的原理有所了解，而能遠離愚癡。

四、以念佛觀對治我執：吾人生生死死，死死生生，所以不能解脫，都是因為「我執」，因此要打得「我執」死，才能許我們的「法身」生。如果我們能念佛，念到天也空，地也空，我執沒有地方安放，只有一句佛號，似有似無，如此「我執」自然會淡化。

五、以數息觀對治散亂：我們的心中妄想紛飛，就如一堆亂絲，雜亂無章，理不清頭緒。假如用「數息觀」，也就是吸氣到丹田，慢慢吐出來，如此「一呼一吸」為一次。數到後來，吐氣如游絲，輕輕柔柔，似有似無時，隨著出入息的進出，慢慢的散亂心就會停止了。

總說我們的心，煩惱心是很難對治的，如果我們能用「五停心觀」，把自己的心看得緊緊的，追得緊緊的，時日一久，「五停心」的五員大將，必能降伏五種煩惱魔軍，而能大獲全勝。

六根的修行

各位讀者，大家吉祥！

有宗教信仰的人都講究修行，一般的膜拜、稱念、讚頌，都只是部份的修行，真正全面性的修行，應該講究「六根的修行」。

所謂「六根」即是：眼、耳、鼻、舌、身、意，這是身體上的六種感覺器官，人就是用這六個感官來認識「六塵」的世界。

眼觀色、耳聽聲、鼻嗅香、舌嚐味、身感觸、心攀緣萬法，所以「眼耳鼻舌身意」接觸到「色聲香味觸法」，就有人間種種的萬象。

眼耳鼻舌身意六根，如果不主動的加以掌握、修持，就會亂來；色身香味觸法如果不給予好好的支配，種種的誘惑氾濫，就會惹下許多的麻煩。

現在講六根的修行，分說如下：

一、**眼睛的修行**：眼睛是管看的，看山、看水、看你、看我、看紅、看白、看好、看壞，西方人說眼睛是靈魂的窗戶，人通過了眼睛才能認識這個世間的形形色色。但眼睛觀看的是形象的世界，有時會與無相的真實有所偏差，所以儒家有「非禮勿視、非禮勿聽、非禮勿言、非禮勿動」的教示。佛教對眼睛的修行又更進一步，主張不看假的、不看壞的、不看變化的，要看正當的、善美的、淨化的。例如：眼睛可以瞻禮佛像、可以觀看經文，甚至修行人的眼睛不看外相，而要看內心，觀照自心更是佛教重要的修行法門。

二、**耳朵的修行**：耳朵是聽聲音的，但是錯聽、亂聽、誤聽，致使世間「此也是是非，彼也是是非」，難有終了。因此佛法鼓勵耳朵

的修行要善聽、兼聽、諦聽、會聽，如能聽到「耳根圓通」，那就是耳根的最高修行了。

三、鼻子的修行：鼻子在人體上的功用，好像是一個情報員的探子，平時逐香、逐臭，辨別各種境界，因此產生貪瞋愛捨。但是鼻子最大的功用是呼吸，所謂「人命在呼吸間」，尤其禪門的修行，重在調身、調息、調心，因此鼻子一呼一吸，也能作為修行的入門之要。

四、舌頭的修行：舌頭不但用來辨味，而且舌頭最大的功用是幫助說話，所謂「舌燦蓮花」、舌頭可以發出各種微妙的音聲。舌頭不只是說話，尤其要說好話，世間上種種的語言、種種的音聲，也代表了人間的

紛紜複雜，重重無盡的是非糾葛，所以佛教鼓勵舌頭的修行，要念佛、念經，不妄語、不兩舌、不惡口、不綺語，這就是舌頭的修行了。

五、身體的修行：身體接觸外界最容易貪著柔軟舒暢，又再增加愛美、愛俏，所以佛法裡鼓勵人要苦行勵志。苦身，讓身體打坐、禮拜、行腳、繞佛，以勞動供養，才是正當的修行。

六、心的修行：經典裡把心比喻成猿猴，所謂「心猿意馬」，心為六根的領導人，六根好像一個村莊，心好則其他五根皆好，心壞則其他五根都會跟著為非作歹。所以禪門講「百千法門，同歸方寸」，方寸之間，就看我們如何修練了。

六根的飲食

各位讀者，大家吉祥！

大自然裡，樹木花草要澆水，稻穀米麥要施肥，驢馬牛羊要吃草，東西物品要上漆。可以說，世間萬物都需要吃東西來滋養，尤其人的「六根」眼耳鼻舌身心，更要吃上等的好料，吃了東西，有了營養，身體才會健康。

六根到底吃什麼呢？

第一，眼睛要吃睡眠。人平時

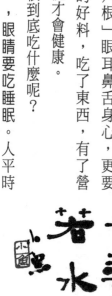

要用眼睛來看書、看事、看物、看人、看路等，眼睛使用過度就會疲勞，所以到了晚上要有充份的睡眠讓眼睛休息。甚至白天沒事時閉目養神，都像給眼睛吃飯一樣，讓眼睛可以養足精神，讓眼神更明亮。乃至所謂「眼不見為淨」、「眼不見心不煩」，眼睛一閉，也是心靈的滌塵靜慮，所以眼睛不僅要吃睡眠，不當看的時候，也要懂得把眼睛收起來。

第二、耳朵要吃寧靜。平時生

活裡，很多的噪音吵得人心煩意躁，所以耳朵很需要寧靜，要圖個耳根清淨，讓耳朵吃無聲之聲，享受寧靜時刻，如此不但耳不聽，心不煩，甚至連身體都能感到無比輕安。

第三、鼻子要吃空氣。佛經講「人命在呼吸間」，人只要一口氣不來就沒有生命了，所以要餵鼻子吃空氣，而且要吃好的、新鮮的空氣，所以有些人早晨要到公園運動，為的是要吸收新鮮空氣，吃了空氣，尤其是清新的空氣，可以滋養人的五臟六腑，身體才會健康。

第四、舌頭要吃美味。人的三餐飲食，要透過舌頭來品嚐，繼而分別好不好吃。一般人大都好吃美食，所以不管酸甜苦辣，要有美味，舌頭才會吃，其實飲食不但要美味，還要有營養，沒有營養的美味，對身體無益。平時的青菜蘿蔔、稻穀米飯，乃至麵包牛奶，都是舌頭最歡喜的美味和滋養。

第五、身體要吃觸覺。人的觸覺，對於有形的軟硬粗細、無形的冷熱澀滑等，各有所好。例如，吃飯有人喜歡吃軟不吃硬，有人吃硬不吃軟；睡覺有人歡喜睡硬板床，有人喜歡睡軟鋪；穿衣有人挑質地柔軟的衣服，有人選硬挺的布料；室內的氣溫，有的人喜歡吹冷氣，有人樂於吹自然風。總之，只要自己喜歡的、相應的，就歡喜碰觸。

第六、心靈要吃法味。其實心要吃的東西很多，慈悲、智慧、思惟、善美、舒暢等。所謂「萬法由心造」，心能造萬法，心也要以萬法為食。有時候我們罵一個人是「空心大蘿蔔」，就表示這個人什麼都沒有；如果能讓萬法縈繞於胸，世間上還有什麼事不能成辦的呢？

總之，樹根要有充足的水分，才能向下紮根，根基才會厚實；人的六根也要有適當的滋養，身心才會健康，才不會誤入歧途，走上岔路，所以六根的滋養，不可不慎。

六種修練

各位讀者，大家吉祥！

記得天下文化公司曾出版一本書叫「第五項修練」，可見「修練」一事，不是宗教徒才要修練，工商企業界的人士，也須要修練。說到「修練」，所謂破銅爛鐵，久煉也會成鋼，所謂殘兵敗卒，經過訓練也能成為雄兵。在孔子的眼中，只要不是「糞土之牆」，只要不是「朽木」，人人都應該是「孺子可教也」。

學校是一個很好修練的地方，學校裡能成就各種人才。深山叢林也是個修練的地方，多少聖賢哲人都是於此修練有成。士農工商的公司行號裡，同樣也能修練出許多的不世之才，所以只要你是一塊材料，就能修練成才。

如何修練呢？茲提供六點意見如下：

一、修練自己的意志要堅強：朝三暮四，一直拿不定主意，怎麼好修練？一個人的意志要能不為外境所動，例如：不為金錢所買動，不為愛情所惑動，不為威勢所撼動，不為境界所鼓動。意志堅強的人，不達目的誓不休，學不成功不回頭，一定要浴火才能重生。

二、修練自己的思想要縝密：人要有思想，才有活路；人要有思想，才有辦法；人要有思想，才有泉源；人要有思想，才有覺悟。所以吾人要自我訓練，先要修練自己有縝密的思想。所謂縝密的思想，做一件事，要想前因後果，各種因緣都具備了嗎？上下古今，所謂「豎窮三際，橫遍十方」，都能周全嗎？乃至大小輕重，利弊得失，都有考慮嗎？行止進退，言語靜默，都能適時而得體嗎？凡事不是一

廂情願，思想愈縝密，做人愈穩健。

三、修練自己做事要有毅力：從事一項事業，就像上戰場一樣，要靠勇氣、毅力、觀察、調度，才能戰勝敵人。一個人如果沒有修練出做事的毅力，只憑口說、空想，是不能有所成就的。

四、修練自己的心地要清淨：凡一切事業，都通之於自己的心地，就算是修行的人，「因地不正，果遭迂曲」，所以一個人的心地必須要正直、清淨，要想我是為主管來服務的，我是為大眾來奉獻的，不能帶著自私、貪求、有我無人，那就沒有修練了。

五、修練自己的頭腦要靈巧：地球時時在轉，世界日日在變，我們的頭腦、心思一定要隨著時代進步而運轉，做人做事不可固執，所謂「窮則變，變則通」，要能在複雜紛亂的事情之前，有「化繁就簡」的靈巧，才算修練成功。

六、修練自己的待人要熱誠：世間上一切事，都不是一個人能成，要靠因緣，所謂「集體創作」、「眾人所成」；既然需要他人的協助，自己就必須先要散發熱力，才能吸引他人合作。例如，漢高祖有納賢取士的雅量，所以才有蕭何、張良、韓信等西漢三傑願意共成大事；唐太宗因為有接受賢臣勸諫的度量，所以有狄仁傑、褚遂良、長孫無忌等賢臣良相的輔佐襄助。

吾人就像「黃金要靠洪爐練，白玉還須妙手磨」，所以初學的人，要想成就一番事業，「修練」是不可少的功夫。

心

各位讀者，大家吉祥！

每個人都有一顆心，每個人的心，都是世界的主宰。佛經說：「若人欲了知，三世一切佛，應觀法界性，一切唯心造。」世界上最快、最能、最大的東西，就是心。例如，我現在想到南極、北極去，人不容易馬上就到，不過心一想，心就能到。心之快，光速不能比；心之能，現在心想建造二百層大樓，想像中的二百層大樓即刻造成，這就是理上所說的「心想事成」。

心之大，包容虛空，世界是我心裡的世界，眾生是我心內的眾生，所以「十法界」都在一心之中。我們有這麼一個功用奇大無比的心性，但一般人都不知道它的價值、用途，實在可惜。今就「心」之用，略說如下：

一、**心平氣和則明理**：世間上，有的人明理，有的人不明理，為什麼？這就要看你的心。你的心能平靜，你的氣能和暢，道理就會公平、公正；假如你的心不平，氣不和，你的理路就會混亂，說話做事都沒有理則，都沒有常軌，就會失去理智，因而被人譏為不明理，所以心平氣和則明理。

二、**心開意解則慧生**：心好像一扇門窗，你的心結沒有解開，就像門窗沒有打開，空氣就不能流通，陽光就照射不進來。萬物的成長，都要靠陽光朗照、和風吹拂；我們的心如果不開，智慧就會被蒙蔽，不容易生起智慧。平常說「心開意解」，心開了，所聽的話，所聞的法，其中的道理、意義就容易分解、了解、理解。解，就是智慧，有了智慧，還怕不能明白宇宙萬有的真理嗎？還怕不能圓融應對人情事故嗎？我們自己的心，需要自己去打開，就像一戶人家，只有主人才能從裡面打開窗戶，外人幫不上忙。

三、心正行端則人敬：俗語說：「誠於中，行於外」，人如果沒有正心誠意，行為就不能端正。反之，心中常存正念，表現出來的行為必定正派。有的人見到某人，情不自禁的對他油然生敬，為什麼？因為此人心正行端而已。所以，一個內外端正的人，還怕沒有人尊敬嗎？

四、心發願成則果圓：心如田地，需要開發，田地開發以後，才能種植五穀，才有收成。有的人沒有開發田地，沒有在田地裡播種，光是祈求：田地呀，生長萬物，讓我五穀豐收吧！那是不可能的事。同樣的，我們想要發財致富，希望獲得好人緣，就要勤勞工作，更要發心助人，你發了心，就能圓滿所願，自能功果圓滿。

五、心安道隆則功成：我們雖然有一顆能夠上天下地的心，可是心如猿猴，心猿意馬，一刻不停。心不能安，就如湖水動盪，難以映月；心安，則「菩薩清涼月，常遊畢竟空，眾生心垢淨，菩提月現前。」心安住了、清淨了，自能見到自己的真心本性，這也是學佛最大的目標，所以慧可求達摩祖師為其安心，目的無他，就是為了心安才能辨道，道隆自然功成。

六、心體法用則和諧：心生則法生，心是我們的本體，從本體上能生起相用，所以我們以心為體，自然生起世間的種種相用。例如，有心就會生起智慧，就會有辦法，就可讓萬事和諧。心體本來是平等的，但生起的萬相顯現了差別，所以人生就有苦樂善惡的不同。假如我們能讓萬法和諧，歸於心源，則世界成為一大種相法門，那裡還會有戰爭，有階級之分？如此和諧人生，不就是人間淨土的實現嗎？

心的禍患

各位讀者，大家吉祥！

心是生命的本體，是人的主宰，一個人即使身體死亡，真心永遠不死，將來輪迴往生受報時，都要靠這顆心。心遊走在十法界之中，忽而天上，忽而人間，甚至忽而地獄、餓鬼、畜生。但是心有兩種性格，一種是向上的性格，持戒、行善、為人服務；一種是害人的性格，會替自我的人生前途造下極大禍患，例如：

一、瞋心如猛虎：「一念瞋心起，百萬障門開！」人的瞋恨心一起，完全顧不得人情義理，整個人完全失去理智；瞋心就像凶猛的老

虎，張開血盆大口，可以一口把人吃掉。因此，我們不要以為發個小脾氣，生起一點瞋恨之心沒有什麼了不起，「瞋恚之火，能燒功德之林」，瞋心的老虎，是人所畏懼的。

二、怒氣如飈風：從瞋心而起的怒氣，就會罵人、打人，甚至害人、殺人。怒氣像飈風一樣，橫掃到森林，森林受災；波及花草，花草倒霉。一個人在盛怒之際，往往失去理智，只憑怒氣怪人，甚至牽怒他人。本來只要責罵張三，可能一時無法控制情緒而殃及李四；本來夫妻吵架，但是兒女在前，可能就拿兒女出氣。所以怒火中燒的人，不但燒毀自己所有的一切，甚至大家都會同歸於盡。

三、惡口如刀劍：一個已經怒不可抑的人，隨之而起的就是惡口罵人。罵人的惡口，「如刀如劍」還不足以形容，甚至如機關槍，如大砲，連續轟向對方，什麼粗魯的語言，都會從他的口中發出，狠狠的傷害對方。我們不要以為惡口罵人，並沒有讓人皮骨受傷；但是你讓對方人格受損，尊嚴受創，甚至心理受到傷害，這比身體的傷害更為嚴重。一個人惡口罵人，其所加諸給別人的傷害，難道可以不負責任嗎？

四、**我慢如高山**：就算你沒有罵人、打人，沒有瞋怒，但是態度上顯出傲慢，讓人感覺你像一座巍巍的高山，橫亙在前方，讓他無法通過，這也是人際的障礙。傲慢的人，如一般的官僚政客，昂昂乎，巍巍乎，不可一世的傲慢，最為無聊。還有一些稍有學識的人，自以為學問蓋世，因此看不起別人。尤其一些初出道的青年，大都心高氣傲，不懂得「謙受益，滿遭損」的道理。傲慢的人，縱使有能力、有學識，也不能獲得別人心悅誠服的尊敬，反而只會畏而遠之罷了。

五、**疑心如暗箭**：我們經常不容易信任他人，一方面固然是當今的人不容易讓人信賴，但是有時候和人相處，動不動就對人生起疑心，經常誤會對方，這就如同暗箭射人，讓人完全不知道箭從那裡來。所謂「欲加之罪，何患無詞」，疑心、誤會別人，實在缺德。俗語說「疑心生暗鬼」，疑心之病，唯有施以智慧之藥，才能連根拔除。

六、**邪見如毒藥**：我們的心像一座寶藏，裡面有無限的慈悲、智慧、法喜，應該時時把它挖掘出來。但不幸的是，一般人的心，經常和邪見交往。一旦有了邪見，正法不得生起，所說的話邪里邪氣，所做的事邪里邪氣，這都是因為心念有邪，則一切皆邪。當今社會，邪教的風雲瀰漫，邪說更是層出不窮，那些邪師、邪眾，或許能騙得了世間，但是騙不了正法、因果。所以學佛要以正見來對治邪見，才能免受邪見的荼毒。

功過格

各位讀者，大家吉祥！

歷史上很多偉大的人物，他們一生的功與過，一直讓後人議論不已，難以蓋棺論定。其實，自己的功過要自己來評定，明朝的袁了凡先生，為了記錄自己的功與過，製作「功過格」，每日如實記錄自己行為乃至起心動念的善惡、好壞、功過，藉以自我反省。

每個人一生當中，必定有一些功德，也有一些過失，甚至在一天之中，也會時而善心，時而惡念。所以佛教認為，一個人在一天當中，從人間到天堂，從天堂又墮入地獄，幾乎每天都會來往多次。因此，五趣流轉、六道輪迴不只是指往生後的情況，每天的當下，時時都在進行。

如果每個人每天把上天堂的善行功德，以及下地獄的惡念罪行，都能有所記錄，由自己來做自己的玉皇大帝和閻羅王，不也是很有意義嗎？

所謂「功過格」，其功能如下：

一、可以評鑑自己的功過：每個人對自己的功過，要客觀的評鑑，因為「功過格」是自己私人的密件，你在功過格上記功，沒有人獎賞你；你在功過格上記過，也沒有人會處罰你。不過，你自己一定要如實記錄，才能知道自己是功是過。當然，是功是過，要替自己的身口意行為設下一個標準，如佛教的十種惡事，叫「十惡」；反之，去掉十惡而能積極行善，就是「十善」。身口意三業，身有殺、盜、邪淫之惡事；口有兩舌、惡口、妄言、綺語四種，意有貪、瞋、邪見三種。如不犯此十惡，進而不殺生而行慈、不偷盜而施捨、不邪淫而重禮、不妄語而誠信等，以此類推，十善、十惡的功過，不是很容易評鑑嗎？

二、可以記錄自己的歷史：有人習慣寫日記，日記就是自己生活的歷史。蔣介石的一生，功過難以論定，但蔣介石數十年的日記，除了記錄自己的歷史，甚至有關國家安全、民生經濟，在在都很重要，現在收藏在美國史丹佛大學圖書館。假如吾人也有功過格，每天簡單的記錄自己的言行，也等於是自己一生的歷史。

三、可以認識自己的內心：功過格的作用，不在於公諸於世，而在於讓自己認識自己的內心世界。因為吾人每日行事，雖然身在做，口在說，但實際上一切都是由心意所發動。我們的眼睛可以看到別人，看不到自己；看到自己，也看不到內心。假如能把功過記錄在表格裏，一段時間打開功過格，你內心的善惡念頭，隨著功過格躍然紙上，你對自己的為善為惡，也就能一目了然了。

四、可以省思自己的人生：功過格對自己最大的幫助，就是可以成為自己的「諍友」，成為自己的「良師」，成為自己的「鏡子」，可以增加對自己的認識，對自我的省思。人生的前途本來就有兩條路，一條向善，一條向惡；從功過格中，你可以找出應走的向善之路，這對自己的一生，可以說是無比重要的事。

卷二

向誰懺悔

懺悔可以滅罪生善，懺悔就是認錯。
我們要向誰認錯，向誰懺悔呢？
向國家懺悔，可以戴罪立功，
向社會懺悔，雖有錯失，
都可以獲得社會的諒解。
懺悔的力量，其大無比。

四大皆空

各位讀者，大家吉祥！

「四大皆空」在中國社會裡，不但是兒童都能朗朗上口的一句話，一般大眾所認識的佛教，也就是這一句「四大皆空」。「四大皆空」確實是一句真理，但大家會說，並不見得了解它的真實意義。「四大皆空」到

底是哪四大呢？為什麼說四大都是「空」呢？一般人能把四大說成是「空」，但並不知道「空」的真義。「空」是建設「有」的，所以「四大皆空」其實也是「四大皆有」。

所謂「四大皆空」，「四大」就是組合宇宙人生的四種條件，第一是具有堅硬性

的「地大」：宇宙大地有堅硬的土石，人體有堅硬的骨肉，樹木有堅硬的枝幹，房屋也有堅硬的鋼筋木材。有了「地大」還不夠，第二必然還要有潮溼性的「水大」：人不喝水怎能生存？樹木沒有水分滋潤就會枯萎，沙漠所以不能成長生物，就是因為缺少水分。第三是溫暖性的「火大」：人體要有溫度才能活著，萬物也要從暖性中成長，就是寒冰也有零下幾度的不同。第四是流動性的「風大」：人要呼吸空氣，萬物要靠空氣流通才能維持生命。

地、水、火、風，佛教稱之為「四大」，世間萬事萬物都要藉此四大因緣和合才能存在，所謂「緣聚則成，緣散則滅」，這是佛教對宇宙人生真理的看法，豈是隨意一句口語所能了解的呢？

至於為什麼說「四大皆空」？略述其義如下：

一、和合的必然是空：所謂「四大皆空」，「空」不是沒有的意思，世上的人所認識的空，充其量只有空的概念、空的想法，但都不是真空。所謂「空」，是「和合」的意思，本來沒有，可是結合堅硬性的骨頭、流動性的血液、溫暖性的體溫，以及流動性的呼吸，就成為人。如果「四大不調」，就是人體上缺少「地水火風」其中之一，例如沒有體溫，或是沒有了呼吸，人怎麼能存在呢？所以說和合而有的人體，本性是空。

二、形相的必然是空：凡是地、水、火、風和合的東西，必有形相。房屋有房屋的形相，車輛有車輛的形相，花草有花草的形相，產品有產品的形相，這許多形相，我們為它取個假名，叫做樹木花草，叫它亭台樓閣。當這些和合的條件離散時，形相在哪裡呢？所以說凡所有相，皆是空相。

三、緣起的必然是空：世間萬物，都要假因緣和合才能生起、存

在，花草樹木缺少地水火風中的任何一種，就不能成長，因為必須要眾緣具備，少了一點因緣，例如照射不到陽光，吸收不到水分，或是空氣不流通，或者土壤不適合成長，你說樹木怎麼能萌芽茁壯呢？花草怎麼能開花結果呢？因此萬事萬物皆由因緣和合而成，看到因緣生起，就會想到此中必有空的本體。

四、變化的必然是空：空是變化的，空也是不變的，例如一個盒子，是方形的、圓形的、三角形的、長方形的，都有不同的空間，但是空的本體又是不變的。

一個大房間隔成許多小房間，一人住房，二人住房，四人住房，雖有不同，但空沒有變化。所以，人有生老病死，變化是空；宇宙有成住壞空，變化是空；心念有生住異滅，變化是空。在宇宙萬有的上面能看出本體是空，在虛空本體裡也可能現起萬有的現象。

因此，空包含了有、無，空有是本體和現象，本體的空性，現象的假有，不即不離，故《般若心經》說：「空即是色，色即是空；空不異色，色不異空」，此即宇宙人生不變的真理也。

四依止

各位讀者，大家吉祥！

世間上，每個人都有獨立的人格，但是在現實的生活裡，仍然需要「依靠」眾緣成就。例如，人要依靠國家的庇護、父母的養育、師長的教導、朋友的提攜，乃至依靠社會各行各業供給生活所需，人才能生存。就像海洋要依靠船隻才能渡過，老人要依靠拐杖才能安全行走。但是依靠要合理，不能隨便亂靠，所以佛教有所謂「四依止」，略述如下：

一、依法不依人：在佛教裡，不以人事為中心，而以法制為中心，以真理為中心。世間人事會有變化、有主觀、有生死，沒有一定

的標準，只有依真理才會平等，才會共遵。佛教裡，佛陀雖為教主，但是佛陀並不要人皈依他，而要皈依法，佛陀也是依法而成佛，離開法，那裡有佛？所以經典中處處強調「自依止，法依止，莫異依止」，就是要我們皈依自己，皈依法，皈依佛性，不可以皈依其他。何等偉大的佛陀，何等偉大的佛法！

二、依智不依識：「識」是認識、了別、明白的意思，因為「識」是分別意識，有主觀的成份，難免會有錯誤。例如我們的眼耳鼻舌身意，對外攀緣色聲香味觸法等六塵，各有所見，深淺各有不同。佛陀開示，要我們依「般若智慧」行事，不要以「分別意識」為標準，因為般若智慧如「大圓鏡智」，任何東西擺在鏡子之前，不會分別好壞美醜，他會依原來的樣子如實呈現。關於「依智不依識」，淺顯一點說，人常常用情感行事，對人對事依所愛、不愛來分別、判斷，如此必然有錯誤，所以要理智一點，要用智慧才能平等的把原貌還原出來。「依智不依識」，才能認識宇宙萬有，至為重要。

三、依義不依語：世間上，最不統一的就是語言，一個國家有數十種不同的方言，全世界一兩百個國家，你說會有多少不同的語言。在如此多不同的語言中闡揚一個道理，怎麼會不因為語言不同而走樣呢？所以佛法強調要「依義不依語」，語言儘管不同，但意義不能改變，所以佛法翻譯成世界各國的語言，不管英文、日文、德文，儘管腔調、語彙可以改變，但法的意義不能改變。

四、依了義不依不了義：佛經分有三藏十二部，有大乘、小乘。佛陀對眾生說法，因應各種根器不同的眾生而觀機設教，故有長行、重頌、授記、孤起、自說、因緣、譬喻、本事、本生、方廣、未曾有、議論等類別，而且深淺不同。因應眾生程度不同，而有各種的方便解說，但是「方便有多門，歸元無二路」，佛陀縱然有方便示教，然而佛法的緣起、真如、自性、苦空、無常、無我等真理，則是不容許稍有更改，所以就需要遵循「依義不依語」的原則。

所謂「以四依止，入佛智慧」，我們親近師長，研究佛法，應該時時謹記，以「四依止」作為學佛的方針，才能把握佛法要義。

四個夫人

各位讀者，大家吉祥！

古代的社會，達官貴人，富商巨賈，幾乎家裡都有三妻四妾。話說有一位大富翁，家財萬貫，並有妻妾四人。第一位大夫人年老色衰，平時最不得富翁的注意；二夫人雖然不再年輕，但還頗具姿色，偶爾也受富翁眷顧；三夫人聰明能幹，擅長理家，很受富翁依重；最小的四夫人，年輕貌美，平時最受富翁寵愛，總讓她吃好穿好，百般照顧。

有一天富翁得了重病即將死去，他驚覺到一旦

逝世，黃泉路上寂寞，因此希望自己平時最愛的四夫人能陪著一起死。富翁把心意表明後，四夫人一聽，大驚失色，說：「雖然平時受你百般寵愛，但是人死之後還有何恩愛可言呢？我還不想死，你去找三夫人吧！」

富翁沒想到四夫人如此絕情，只好改找三夫人。三夫人聞言，說：「我還年輕，你死了，我還可以改嫁。」

三夫人也不肯同死，富翁只得再找二夫人，二夫人聽了富翁的要求，緩緩說道：「這個家平時都是我在打理，怎麼能陪你去死呢？不過看在我們夫妻一場的份上，你死了以後，我會送你到山頭。」

眼看著自己平時深愛的三位夫人，大家都不願意陪著同死，最後只剩下大夫人，心想自己平時對他那麼冷淡，他一定也不肯答應同死，不過還是抱著姑且一試的心理。那裡知道，大夫人得知富翁即將死去的消息，即刻說道：「女人嫁雞隨雞，陪你一同去死，這是應該的。」

這個故事的寓意深遠，此中所說的四位夫人，分別代表著：

一、「四夫人」就是指我們的「身體」。我們平時對自己的身體百般照顧，吃好的、穿好的，還要化妝、保養等，但是種種的照顧，一旦無常到來的時候，身體不會跟著我們同去。

二、「三夫人」就是指我們的「財富」。儘管我們富有萬貫家財，一旦死去以後，一文錢也帶不走，一切都是別人的，就如同三夫人還會改嫁。

三、「二夫人」就是指我們的「親友」。平時感情再好的親友，一旦面臨死別，頂多也只是送我們到山頭，之後就各自過生活了。

四、「大夫人」就是指我們的「心識」。所謂「萬般帶不去，唯有業隨身」，平時我們造了什麼業，都會在八識田中留下種子，生生世世跟隨我們流轉，就如同「大夫人」心甘情願的陪著一起去死。

因此，這個故事說明，人生在世，鍾愛的不一定是永遠的，不愛的反而是自己的。所以人要有遠見，要看得到未來，因為生命是貫通三世的，我們要為自己的今生、來世，培養各種福德因緣，如此生命才會愈來愈美好。

布施四級

各位讀者，大家吉祥！

「惻隱之心，人皆有之」，一般人大都有行善助人的美德，尤其學佛的人，更是歡喜布施做功德。只是一般有謂「善財難捨」，如果只把布施規範在「財施」上面，即使有心想要布施還是不容易，因為在現實生活裡，每天「開門七件事」，光是「柴米油鹽醬醋茶」就已經難以應付了，那裡還有餘力布施給人呢？

不過佛教講布施，不一定僅止於布施金錢，真正的布施其實有層次的不同，就如學生有高年級與低年級之分。茲將布施分為四個年級，分述如下：

第一，布施金錢，這是一年級的布施，也是最簡單的布施。因為人只要有錢，誰都可以隨意布施；人一旦貧窮，大都也會歡喜接受。布施金錢固然有多與少的分別，但是布施金錢還是最簡單、容易，再往上升級就比較困難了。

第二，布施勞力，這是二年級的布施。一般來說，社會上「有錢出錢，有力出力」，金錢與勞力雖然都同等重要，但是出力不但需要時間，也比較辛苦。例如，過去農業社會，有的人發心替人寫書信、排難解紛，或是幫忙施茶、照顧花草樹木等；現在的義工到處為人服務，諸如到托老所、殘障院、育幼院等，或是在馬路上指揮交通的義警、義交，乃至義消、義診等，出力自然比出錢辛苦一些。

第三，布施語言，這是三年級的布施。前面的金錢布施，如果錢多了，不會用也不行；布施勞力，有時也沒有那麼多事可以做，所

以要升級到三年級的語言布施。一般人都喜歡聽好話，好話不怕多，不但可以講國家的好話、團體的好話、家庭的好話、鄰居的好話，乃至社會上的好人好事，或是宗教信仰上的一些功德善事都可以說。好話也可以今天說，明天再說；早上說，晚上再說；這裡說，那裡還可以再說。別人行善做好事，我來為他出口說好話，這種說好話的布施，比金錢、勞力又更高一級。

第四，布施心意，這是四年級的布施。有人說，我沒有錢布施，也沒有時間為人服務，甚至好話我也不會說，難道就不能布施了嗎？其實還是可以布施，只要別人做好事，我心中感到歡喜，別人說好話，我為他讚歎，乃至別人存好心，我也跟著歡喜，這就是隨喜功

德。甚至別人布施金錢、勞力、語言並不純真，而我的歡喜心是純淨的，如此功德反而更有甚於金錢、勞力、語言的布施，所以「存好心」是最高級的布施。

常有人誤解宗教信仰的意義，以為自己沒有錢布施，所以不敢信仰宗教。其實信仰宗教不以「施錢」為重，而是重在「淨心」；心意的善美，心意改善了，所謂「一念淨心起，能滅八萬四千重罪」，所以心意的布施，才是最高無上的布施。

同理心

各位讀者，大家吉祥！

人有一個可貴的東西，就是「同理心」。所謂「人同此心，心同此理」，有同理心的人，容易體諒別人，寬恕別人，給人機會；沒有同理心的人，只是怪人不責己，只會怨恨不知反省，甚至自私自大，有我無人，最後遭人唾棄。

同理心是人間最可貴的情操，是建立彼此良好關係的要素。中日戰爭時，張自忠將軍被日本人包圍，最後連一兵一卒也無，只有自己舉槍殉國。這時全體日本兵都為其氣節所感，雖然彼此是敵對立場，仍列隊為他致敬，所以忠誠愛國都有同理心。蔣中正「以德報怨」，遣送日本政府回國，這都是同理心的表現。

什麼是「同理心」呢？

一、設身處地，為人著想：所謂「同理心」，就是有一顆體諒別人的心。主人抓到了小偷，小偷敘述家有老母疾病纏身，自己一時失業，實在無法孝養，因此出此下策。主人忽然心生悲憫，不但不予責怪，而且施捨財物，助他成就孝養之心。這種設身處地為人著想的行為，可以說就是「同理心」的最好表現。

二、己所不欲，勿施於人：自己喜歡的，人家給我們，我們很歡喜；自己不喜歡的，人家給我們，我們也會不歡喜。人同此心，我們自己不要的，加諸於人，別人又怎麼會歡喜呢？例如，責罵傷人自尊，己所不欲也，何能加諸於人？冤枉

委屈，己所痛恨也，怎可施予他人？所以有同理心的人，必會給人歡喜、給人快樂、給人平安、給人幸福，因為這是我們所要的，別人必然也會歡喜。

三、將心比心，立場互換：人和人相處，由於心性不同，產生隔閡，假如能夠將心比心，結果可能就不一樣了。我們看到羔羊跪乳、烏鴉反哺，不自覺的就會激發起我們的孝心；我們看到多少為國捐軀，為國犧牲的英雄將士，不僅也會生起效忠國家的心情。主管和部下，如果經常將心比心、立場互換，可能主管、部下就很容易融成一體；榮華富貴和窮途潦倒的人，如果大家都回想往事，看看別人，彼此立場可能立刻改變。同理心就是我們經常設身處地為別人想，體諒別人，遷就別人，利益別人，這才是發揮最高的同理心。

四、愛屋及烏，推己及人：「愛屋及烏」是人與動物之間很美的感情交流，「愛屋及烏」才能「推己及人」。古人所謂「愛鼠常留飯，憐蛾不點燈」，我愛我的父母，所以天下人的父母都應該關懷；我愛我的妻子，所以妻子的家人也應該關心；我愛護自己的身體，身體上的眼、耳、鼻、舌、手腳等，都應該同等愛護。所以，同是我的家人、朋友、鄰居、同學，我都應該給予同等的關心。

一般做生意的人，都懂得推廣產品，對於產品的特殊功能都會做一些文宣推廣；同樣的，人性的慈悲關懷，更應該推廣。

同理心，是建立人我平等的觀念，是建立同體共生的關係，我們的社會，如果推動同理心，則社會就沒有「以強欺弱、以大凌小、以富笑貧」的現象，所以「同理心」實在是很值得推廣的運動。

向誰懺悔

各位讀者，大家吉祥！

大凡一個正當的宗教，都把懺悔列為重要的修行項目。其實，懺悔也不是只限於宗教才有的修行，我們在任何團體機構、任何場所，對任何人士，都應該帶有懺悔的心情，才能進步。

懺悔可以滅罪生善，懺悔就是認錯。我們要向誰認

錯，向誰懺悔呢？

一、向佛祖懺悔，可以滅罪：一個人身口意所造的罪業，並不是向佛祖懺悔，佛祖就能為我們滅罪，而是懺悔者要自己真心悔過。所謂「自罪自懺」，就等於自己身體髒了，自己可以洗淨，衣服髒了，自己可以清洗；自己有罪了，何以不能自己懺除呢？

二、向父母懺悔，增加孝心：人人都有父母，向父母認錯，可以獲得父母的歡心，向父母懺悔，可以增加對父母的孝心。我們可以向父母懺悔自己不夠努力用功，學業沒有進步；可以向父母懺悔不夠勇猛精進，創造事業；可以向父母懺悔自己不夠仁慈正直，對社會大眾有許多不公不正的思想。懺悔認錯不是壞事，反而因為懺悔認錯，可以增加自己的美德。

三、向配偶懺悔，促進感情：丈夫向妻子懺悔，妻子也向丈夫懺悔，彼此都有懺悔的語言，可以增進夫妻的感情。例如，做丈夫的經常向妻子說：非常抱歉，不能發財，不能提供給你好的生活，多年來讓你吃苦受委屈了。甚至對妻子直說：很對不起，過去曾有一段時間喜歡抽菸喝酒，生活、行為不正常，請你原諒。只要能公開發露，向妻子說明，賢慧的妻子一定能諒解你。同樣的，妻子向丈夫懺悔：我不是賢妻良母，治家無方，教育兒女也低能，我對家庭貢獻很少，承蒙你給我很多愛護。如能經常有這樣的語言，必能獲得丈夫的憐愛。夫妻因為彼此懺悔，必能增進感情，促進彼此了解，更增生活的美滿。

四、向兒女懺悔，和諧家庭：懺悔不只是父母、夫妻、兄弟之間相互懺悔，甚至徒弟向師父懺悔，師父也可以向徒弟懺悔；子女向父母懺悔，父母也可以向子女懺悔。有一戶人家，生了五個兒女，每到用餐時，小兒小女總在餐桌上抱怨連連，嫌飯菜不好吃，嫌生活太過清苦，父母不知如何以對。我告訴他可以用「懺悔法門」，讓他在餐桌上向兒女懺悔。於是吃飯前，爸爸很正式的對兒女說：兒女們，爸爸對不起你們，爸爸只是一名窮教師，每個月薪水不多，不能改善生活，讓你們每天粗茶淡飯，過著簡單清貧的日子，爸爸對不起你們，爸爸真是沒有用。一群小兒女聽了爸爸的這番話以後，一改往常的態度，紛紛說：爸爸你很偉大，很了不起，你一個人養活我們這麼多兒女，真的很辛苦，很不容易，我們將來會報答你，這些飯菜好吃，好吃。

懺悔的效果，就是這麼管用。所以吾人向國家懺悔，可以戴罪立功，向社會懺悔，雖有錯失，都可以獲得社會的諒解。懺悔的力量，其大無比。

回向

各位讀者，大家吉祥！

「回向」是佛教的專有名詞，在佛教的道場裡，每天做過早、晚課誦後，必定要「回向」；偶爾信徒家有婚喪喜慶的佛事，最後也都要「回向」。往生佛事有往生的回向偈，祈願祝禱有祈福的回向偈。究竟什麼叫「回向」呢？一般人都不容易了解。回向就是「寄存」的意思，你有了錢，放在家裡不安全，把它存到銀行裡；你做了功德，希望帶給父母健康，家人平安，希望讓往生者得生佛國，這就是「回向」的意義。

「回向」的涵意非常豐富，非常深奧，也非常的討便宜，所以修福慧的人，不能不懂得「回向」。試說其意義如下：

一、回自向他：我把參與修橋鋪路的功德，回向給父母長命百歲；我把誦經拜佛的功德，回向給子女聰明智慧。所謂「自他兩利」，就是「回自向他」的意義。

二、回小向大：我給你一塊麵包，給你一包餅乾，雖然只是小小的布施，但是當我給你的時候，我心裡在回向：願這塊麵包、這包餅乾，能讓天下的人解除飢餓之苦，獲得溫飽。本來只是一塊小小的麵包，經過我這一回向，普天之下的人都能獲得這個功德，這是多麼奇妙的真理。

三、回有向空：回向一定都有一個目標，你有目標，都是有限的，你能從有限變為無限，就是「回有向空」。世間上什麼東西最大，就是「空」，虛空能包容萬有；照見五蘊皆空，就能「度一切苦厄」。所以「有形歸無形、有為歸無為」，回向的心理，等同虛空，等同法界。

四、回近向遠：我現在所做的好事，把它回向到未來才享用，就好像我現在讀書，為了將來聰明能幹，報效國家。我今生的善行，不一定只在今生受益，也能儲存到來生受用。所謂「心能轉境」，你心中有這種意願，必定能得到回響。

五、回事向理：你拜佛三拜、十二拜、一千零八拜，都是有限的；布施一千元、一萬元、一百萬元，也是有數的，事相上都是那麼一點點，假如你「回事向理」，就能普施一切。例如，你點亮一盞油燈，分燈給他，他又再點亮別人的一盞燈。如此燈燈相傳，分燈無盡，你的一盞燈，點亮了萬千的燈，但是你原來的一盞燈，光明並沒有減少絲毫，所以「無盡燈」最能說明「事理圓融」的意義。

六、回因向果：我們現世今生，所行所做，都是在「因地」；但是現世今生既然有了「因」，當然未來或來生必定有結「果」。就如春天播種，秋天收成；今年播種，明年收成。今生種了善因善緣，何怕未來沒有豐富的果實呢？所以「回因向果」是必然的道理，不容置疑。

以上「回向」的意義，我們了解之後就會知道，這是多麼討巧的法門。所以古德說：「三寶門中福好修，一文施捨萬文收；不信但看梁武帝，曾施一笠管山河。」回向之妙，能不信乎！

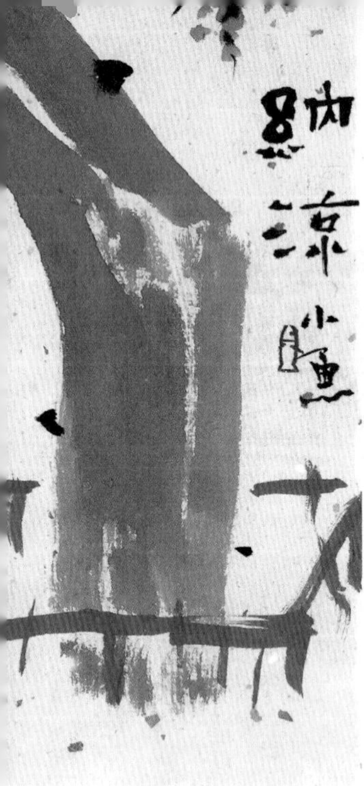

如何安住身心

各位讀者，大家吉祥！

人生忙忙碌碌，總為了求得一個身心安住的地方。以下試舉數例，讓我們的身心有所安住：

一、安住在慈悲喜捨上：

《華嚴經》說：「常樂柔和忍辱法，安住慈悲喜捨中。」世間滾滾紅塵，芸芸眾生營營求求，都找不到安住之處；假如我們無時無刻，身心都不離柔

和忍辱，不離慈悲喜捨，那不就能得到很大的快樂了嗎？

二、安住在發心立願上：

每日不時的發心，不時的立願，發心會增加力量，立願能確立目標。過去的聖賢、諸佛菩薩，沒有人不發心立願的，發心愈大，立願愈堅，成就必然愈大、愈多。

三、安住在般若智慧上：

為人不能愚癡、執著，生活在愚癡執著中，懵懵懂懂，難有成就。如果我們能將身心安住在般若智慧上，時時用般若觀照，用智慧處事，自然會有意想不到的結果。

四、安住在禪定戒法上：一個人假如每天都能有半小時的時間，把身心安住在禪定裡，整個生活都合乎戒法，不但少煩少惱，也會養成律儀禮法的生活，必為人天歡喜。

五、安住在淨念禮拜上：假如是出家僧侶，理所當然要做早晚課誦；如果是在家信者，每天可以在家裡，早晚花個十五分鐘，禮拜佛菩薩聖像十二拜，或半小時二十四拜。在禮拜時，每禮一拜，可以自由念佛五聲或十聲，久而久之，身心自然獲得清淨。

六、安住在淡泊謙卑上：我們的身心，如果與世間的金錢名利接觸，就會有很多的妄想，就會生出一些是非；如果日日生活裡只是簡單淡泊，與人交往必以謙卑待之，則吾人的道德形象自然會提升。

七、安住在放下自在上：一個人身上背負太多東西，會不勝負荷；心上負擔太多，也會覺得辛苦。懂得放下，自然輕鬆自在。例如，權利名位、物質財富、人情世故、是非得失等，如果心上都放了這些重擔，人生怎能自在呢？唯有放下，才能自在；需要自在，就得放下。

八、安住在學習滿足上：人生的痛苦，都是因為不滿足；不滿足，所以會痛苦。有了房子，想要汽車；有了汽車，想要金銀珠寶；有了金銀珠寶，想要權勢名位。總之，人就是貪得無饜，永遠不滿足，所以永遠痛苦。如果房子大小夠住就很滿足，每日三餐能夠溫飽也很滿足，甚至所交的朋友都很正派善良，我很滿足，擁有一分正當的職業，生活安定自在，真是滿足。滿足就是富貴，滿足就能安住。

以上八事，任何一事都可以讓我們身心安住；只要身心能安住，生活必然吉祥如意。

如是我聞

各位讀者，大家吉祥！

「如是我聞」是佛教經典開頭的一句話，《金剛經》、《華嚴經》、《法華經》等都以「如是我聞」為經首，因為娑婆世界「以音聲做佛事」，講究以「聽聞」為主。

所謂「如是我聞」，一般人經常到處「聽經聞法」，但是很少人會去深思，自己到底聽聞了什麼？對於經文裡的慈悲、般若、忍耐、禪定、無相、自在、解脫等，自己都聽到了嗎？即使聽進去了，有沒有如實「奉行」呢？如果沒有，也是徒勞無功，這也是為什麼所有經文都以「信受奉行」結尾的原因。

佛教的經典要人「如是我聞」，而不是「如是我看」，其實還有另一個原因，因為「聞」與「看」的意義不同。一般看過的東西，例如一場戲劇，看完之後就沒有了，但是當我們重新講說一次，就能聽聞。以前發生的事過去就看不到了，但是歷史可以回憶，可以重述；同樣的，遠處發生的事看不到，但是透過電台、電視傳播，就可以知道世界各地發生了什麼事。

另外，「看到」的比較容易忘記，「聽聞」的容易記憶，所以佛教非常重視「多聞薰習」。「如是我聞」有四點意義分析如下：

一、**如是我聞**：意即「如是」的這番言教，是我親自「聽聞」的，我應該「諦聽」、「全聽」、「兼聽」，甚至要「聽好不聽壞」，「聽真不聽假」、「聽是不聽非」、「聽善不聽惡」；能夠把「如是我聞」的加以「轉化」，所謂「是非止於智者」，如此才是真

正的「如是我聞」。

二、如是我思：聽聞只是初步的接受，「思考」才是進一步的用心，所謂「學而不思則罔」，既然要思想，就要把所聽聞的從遠處、大處、好處去想，如此「聞」、「思」之後進而實「修」，就能進入「三摩地」。

三、如是我說：人能弘道，非道弘人，佛法再好，總要吾人去弘揚，「講說」就是一個最方便的方法。佛法戒律我如是說，佛法定學我如是說，佛法慧解我如是說；我能「如是說」，別人「如是聽」，聽聞相應，彼此感應道交，何愁不悟？

四、如是我行：世間上的道理再多、再好，

如果光是講說而不去實踐，就不切實際，所以佛法重在「如是我行」。例如，不殺害眾生的生命，我能奉行；不竊取他人的財物，我能奉行；不侵犯他人的身體，我能奉行；不破壞他人的名譽，我能奉行；不做違背人倫道德的非法之事，我能奉行。所謂「諸惡莫作，眾善奉行」，能夠如此實踐，還怕不能圓滿人生嗎？

佛法入門，先從「如是我聞」開始，但是要想進步，也不能在語言音聲上計較、執著，所以禪門鼓勵學人要聽「隻手之聲」，要聽「無聲之聲」，能夠修行達到「不見不聞」的境界，那就更超越了。

寺院是什麼

各位讀者，大家吉祥！

「寺院是什麼」？你說呢？

有人說：「寺院是出家人居住的地方」，其實不然，每一個寺院都要有「常住三寶」；寺院是「三寶」所居之地，也是信徒所共有，豈是僧侶所專有。

寺院是什麼？有人看到

寺院紅牆黃瓦，無比莊嚴的殿堂，認為寺院就是供奉佛菩薩的地方。其實非也，寺院乃有緣人的家鄉故居，寺院是十方大眾所共有，是真正公有之財物也。

寺院是什麼？從寺院的功能來看，寺院是：

一、寺院是學校：世間的學校，傳授的是知識學問；佛教的寺院，提供的是般若智慧。知識是外來的，是世智辯

聽的學問；智慧是內證的，是生命本具的智慧。般若智慧即是生命，因此世間的知識容易求，佛法的生命智慧不容易學。

二、**寺院是百貨店**：生活裡，缺乏日用品要到百貨公司購買；精神上缺少力量，百貨公司就無法供應了。寺院道場是信仰的中心，能供應我們精神所需的糧食，是購買生命資糧的百貨店。

三、**寺院是安心處**：一般人的心，每天都安住在色、聲、香、味、觸、法等「六塵」的境界上，六塵一動，心就不得安寧了。寺院道場讓我們把心安住在「真如自性」上，讓我們的心有所依靠，找到真正的安心處。

四、**寺院是聚會所**：寺院在地方上就是公共場所，是大眾聚會的地方，每個人都可以到寺院商談會議、喝茶論道等。而寺院的僧侶是自然的老師、當然的主席，隨緣為大眾解決問題，減少社會的紛爭。

五、寺院是因果法庭：過去的社會，地方上有了不平、紛爭之事，只要到土地廟，在土地公面前一跪，任何不平、委屈，都能得到解決。佛教講「因果」，所謂「善有善報，惡有惡報」，因果是最公平的裁判，在因果之前，人人平等，在因果之前，沒有不平，沒有委屈，所以寺院是仲裁是非的因果法庭。

六、寺院是藝術中心：佛教有很豐富的文化寶藏，尤其佛教的雕塑、繪畫、書法、音樂、建築等，都是人類共有的財產。佛教的寺院裡，許多的佛像雕刻、繪畫，乃至寺院建築本身，都充滿了藝文氣息與藝術之美，儼然像是一個藝術中心，有助於陶冶性情，提升性靈。

總說，寺院的功能是多元化的，其重要性不是只供居住，或是一時的集會之用，它是我們一生修身養性、增長智慧、善友共聚、廣結善緣等多功能的所在。因此，寺院是什麼？就看你如何善用它了。

寺院的功能

各位讀者，大家吉祥！

有人問：寺院、教堂，對人間究竟有什麼貢獻？

也常聽人說，把建寺院的錢省下來建學校，不是更有用？

其實，此言差矣！寺院的功能，請聽道來：

一、寺院是人生道路的加油站：人在世間生活，有時候會有無力感，會覺得疲倦，甚至對前途感到畏懼、無望。這時候如果能到寺院禮佛拜拜，在大雄寶殿前，跟佛祖交流，可能從瞻仰佛像，或是聽聞一句佛法後，突然心開意解，對自己重建信心，對前途重燃希望，覺得自己有足夠的勇氣再往人生的旅程邁進，這不就是佛祖為你加油了

嗎？

二、寺院是移民簽證的外交部：每個人都知道，人在世間只是短暫的過客，數十年歲月一過，人又要到那裡去呢？當然必須要辦理移民，不管天堂也好，淨土也行，極樂世界當然是最理想的地方，這時就需要有移民的簽證。如同世人移民到另一個國家，如果沒有外交部辦理移民，發給簽證，則去向不明，前途無望，如何能安心呢？寺院就像外交部，在人生的最後發給我們移民的簽證。

三、寺院是法身慧命的長養處：人都有一個色身，要靠家庭來安頓；人都有求知欲，要靠學校來教育。但是我們的精神法身要安頓在那裡呢？寺院就是我們法身慧命的長養處，是我們的第二個家庭，所以寺院之於吾人，比家庭重要，寺院的功能，更遠勝於學校。

四、寺院是治療心病的大醫院：我們的身體有病了，不管腸病、胃病，甚至皮膚病；肉體上的疾病，可以到醫院請醫師診療，但是對於心理的貪瞋愚癡、無明煩惱等，世間的醫師可就束手無策了。醫治心理的疾病，要靠寺院道場的佛法僧三寶，佛陀是大醫王，僧伽如看護，佛法是醫治心理疾病的最佳「阿伽陀」妙藥，所以寺院是治療心病的大醫院。

寺院道場所以為信徒所愛，必有他的原因。當一個人心中充滿了無盡的煩惱，可能一進入道場馬上就煙消雲散了；有時候覺得人生渺渺茫茫，飄蕩無依，進入道場後忽然心靈有所皈依。所以世間上的人，不要只看重近利，也不要只看有形的表相；道場療治身心疾病，給予生命力量，乃至維護社會秩序，安頓民眾心靈等無形的功用，豈是世間有形的公共建設所能比擬？因此，寺院道場對國家社會的貢獻與重要，世人實應加以重新認識與肯定。

四個客人

各位讀者，大家吉祥！

人在世間生活，必須具備各種生存的條件。人生最基本的生活需求，第一是「平安」，第二是「財富」，第三是「成功」，第四是「慈悲」，茲分述其重要性。

第一、平安：平安就是生命獲得「安全」的保障。人從出生開始，就害怕被傷害、被侵略，所以要保護自己，也就是要求得「平安」。例如，小孩以哭鬧來尋求大人的保護，青少年發奮讀書勤求知識，也是為了保障人生未來的安全，士農工商無不想要獲利，以期能夠安全的生存。乃至人的一生除了「養兒防老」、「積穀防飢」，到了老年甚至要用枴杖，以策安全，因此人生最大的需求就是「安全」。

第二、**財富**：人為了達到安全，要有財富，只是財富於人雖然可以滿足物質上的需求，但有時「人為財死」；尤其財富雖然重要，可惜財富乃「五家」所共有，因此人在追求金錢、股票等財富之外，如果能具足智慧、健康、人緣、滿足等另類的財富，人生就會更加圓滿。

第三、成功：自古「一將功成萬骨枯」，這不算成功；有的人搶搭順風車「一人得道，雞犬升天」，這也不算成功；有的人僥倖「一登龍門，身價百倍」，這也不算成功；有的人未經努力，「一蹴即成」、「一呼百諾」，都不一定是成功的。真正的成功是：萬家燈火、萬緣具足、萬眾同享、萬人和諧；能夠「皆大歡喜」，才是真正的成功。

第四、慈悲：人生什麼都可以缺少，但是不能缺少慈悲，佛門講「慈悲為本，方便為門」，慈悲有消極的慈悲、積極的慈悲，熱鬧的慈悲、寂寞的慈悲，一念的慈悲、無限的慈悲，有緣的慈悲、無緣的慈悲，有求的慈悲、無求的慈悲，一時的慈悲、永恆的慈悲等。慈悲之心是萬物所以生生不息的泉源，人間因為有慈悲，所以有歡喜、有快樂、有希望、有未來。

總結上面四件事，就如同要請四個客人回家，四個客人的名字分別是：平安、財富、成功、慈悲。在這四個客人當中，「慈悲」最為重要，如果能把「慈悲」請進門，「平安」、「財富」、「成功」自然都會跟著進門。

有關出家

各位讀者，大家吉祥！

唐太宗李世民說：「出家乃大丈夫之事，非將相所能為。」出家為僧，就如現在的人，有的人志在投身軍旅，有的人嚮往航空服務，有的人有心經商務農，有的人立願開發工業，有的人希望講學弘道。當然，也有的人發心出家學佛。

出家的意義，如唐朝溈山靈祐禪師說：出家者，非為衣食也，非為生活也，非為安逸也，非為逃避也；出家者，乃為弘揚佛法也，普度眾生也，了生死也，斷煩惱也！當然，這並不是一般人所容易達到的目標。

在西方，天主教的修士、修女，就如中國的比丘、比丘尼，他們大都是經由父母鼓勵，希望傑出、優秀的兒女從事宗教救人救世的工作。反觀過去中國，有些出家人屬於小乘根性，出家只是為了逃避世俗，過著舒適安逸、不管世事的生活，這種人曾被佛陀批為「焦芽敗種」，不是法器。

及至現代，情況有了改變，很多有志的青年，捨親辭家入佛，在佛教裡，以弘法利生為職志，弘揚「人間佛教」，佛教因此大有進展，廣受社會重視。

說到出家，確有分別。根據《大寶積經》所說，出家分有四種：

一、身心俱出家：這是指發心剃除鬚髮，身披三事雲衣，如法修行，以佛心為己心，以師志為己志，悲智雙運，福慧雙修，自利利人，自覺覺他的僧侶，是為身心俱出家者。

二、身出家，心未出家：有一些人，雖然身披袈裟，現了僧相，但他心裡仍有世俗的煩惱、牽掛，乃至塵緣積壓，不容易進入到清心寡欲的修道生活裡。此等人雖然也有慈悲，也有行善，但未發菩提心，未立菩提願，持戒、修道都不圓滿。這種人只能說身出家，心未出家。

三、心出家，身未出家：這是指社會上，真正學佛的在家居士，他們參禪念佛，布施行道，護持佛法，利濟群生，雖未著衣剃髮，但心已經出家了。像維摩居士「雖處居家，不著三界；示有妻子，常修梵行。」像勝鬘夫人行大乘法，在宮中化導青年兒童，普度群生，令入佛道。像現在的國際佛光會，以及許多佛教在家社團，他們弘法利生，不比出家的專職僧侶差，這些人都可謂「心出家，身未出家」也。

四、身心俱未出家：這是指一般社會大眾，身既未接近佛教，心中也沒有信仰佛法，只是在五欲六塵的生活中，貪戀世間，追求欲樂，不知提升性靈生活，不知重視內在修養，對於利人利世，缺乏熱誠，對於自我享受，貪得執著，無所不用其極。此種人生，到了一期生命終了要結帳時，恐怕自己也不知道要如何向未來報告！

「出家」是世間各種生活形式之一，出家人不是逃避世俗，只是借助出家，希望達成自己「上求佛道，下化眾生」的志願。出家人的性格，有的人實修苦行，不樂世俗，也有的人為人類社會犧牲奉獻，不計利害。一個出家人，能把人人喜愛的五欲六塵，棄如敝屣，一心一意從事佛法真理的傳播，以慈悲智慧、道德真心來服務社會，修正自己，這種值得鼓勵的行為，大家應該尊之、助之，才是和出家法相應。

自由

各位讀者，大家吉祥！

「自由」與「安全」是人類與生俱來的要求，應該也是天賦人權。一個人如果不能自由，就算活著，不也等於死了一樣？每天被人看管，給人當奴隸，甚至生命隨時受到威脅，影響生存的安全，這不是生不如死嗎？難怪全世界的人，都一致要求、嚮往自由。

在佛教裡，佛陀制訂「五戒」，就是要讓大家自由。所謂「自由」的意義，就是不要侵犯別人，如果大家都互不侵犯，不就都能安全了嗎？

佛教的五戒，不殺生是尊重生命的自由，不偷盜是尊重財產的自由，不邪淫是尊重身體的自由，不妄語是尊重名譽的自由，不吸毒是尊重健康的自由。自由就是不侵犯的意思，試論「五戒」的「自由」之義如下：

一、不殺生：不殺生就是不侵犯別人的生命而護生，如此生命不就能獲得自由了嗎？世界上最寶貴的東西莫如生命，萬千金銀和生命，叫你選擇其一，相信人人都會選擇生命。因為沒有生命，金銀財寶再多又有何用？可見生命比較貴重。世間上最殘忍的行為，就是殺生，假如我們尊重生命，不隨便殺生，就是尊重生命的自由，所以佛教把不侵犯生命自由，制為第一戒。

二、不偷盜：不偷盜就是不侵犯別人的財產而喜捨，這不就是尊重別人的財產自由嗎？有的人把財產視為自己的第二生命，因為沒有錢，日子難過，所以擁有財產是每個人的願望。能尊重別人的財產而不覬覦、不侵犯，甚至幫助他、支援他，這不是人間極為美好的事嗎？

三、不邪淫：不邪淫是不侵犯別人的身體而尊重其自由。佛教對於家庭倫理的夫妻正常關係，非常尊重，但是對於夫妻以外的邪淫，也就是所謂的「婚外情」是不認同的。因為犯了邪淫，家庭不和，名譽受損，甚至子孫也會顏面無光，真是自他多人不利。假如能不侵犯別人的身體而尊重其自由，則家庭和諧，何其美好！

四、不妄語：不妄語就是不用語言去侵犯別人的人格與名譽。有的人用不正當的手段，獲得不法的利益，例如貪污、偽證、侵占、仿冒、造假、欺騙等，這都是妄語詐欺的行為。能夠不用虛假的語言去侵犯別人，而說真實的話語，可以消除許多無謂的紛爭，能促進社會人我的和諧。

五、不吸毒：不吸毒就是要我們不吸食一些會讓自己神智受損的毒品，以免傷害自己的健康、金錢，甚至侵犯了別人。毒品危害之大，舉世都在共同制止，因此各國的海關無不嚴禁毒品過關，甚至對於販毒者，更是處以唯一死刑。不吸毒還包括不飲酒，因為喝酒容易誤事，例如酒後駕車出車禍，酒後亂性胡作非為，甚至酒後失言害己害國。所以能夠不酗酒、不醉酒、不勸酒、不飲酒，就不會製造事端，如此不但個人可以獲得完全的自由，也是帶給社會大眾自由的美好行為。

自覺

各位讀者，大家吉祥！

教育的類別很多，有家庭教育、學校教育、社會教育等。在許多教育當中「自覺的教育」最為重要。佛陀之所以成為覺者，就是他能「自覺」，而後「覺他」，最後達到「覺行圓滿」。

佛陀自覺了什麼呢？必定是自覺自己的能量不夠、慈悲不夠、耐力不夠、智慧不夠、心地不明、助人的悲心太少、給人的助緣不足、對眾生的苦難無力幫助；由於覺悟到自我的缺陷、自我的不足，因此發心解決現前的問題。有了自覺，就會自動自發、自我要求、自我解決。吾人能自覺、能發心，學習必定更容易進步。

人生要自覺什麼呢？略述如下：

一、**自覺自己的能力不夠**：自覺工作的能力、講學的能力、助人的能力、明理的能力都不夠，就如同菩薩常生起慚愧心，「恥有所不知，恥有所不淨，恥有所不能」。因為能力不夠，所以更要發菩提心，勇猛精進，以發揮人生最大的力量。

二、**自覺對人有所不起**：做人要經常感到對不起別人，對他人沒能幫上忙、對人沒能有所利益、對他人的問題未能協助解決等。因為感覺對人不起，所以要發心、回向，付諸行動，才能真正幫助別人。

三、**自覺自己的悲心不夠**：人要經常自問：別人在貧窮困苦中，我能救助他嗎？別人在艱難危險中，我能幫忙他嗎？別人在困惑迷惘中，我能助他心開意解嗎？別人在執著無明時，我能讓他客觀明理嗎？如果不能，表示自己的悲心不夠，應該奮發圖強，完成自我。

四、**自覺自己的願力不堅**：人都懂得要思考：學問如何成就？做人如何成功？事業如何表現？能力如何健全？但是要做到卻不容易。因為自己沒有堅毅的願力，沒有「不達目的誓不休」的勇氣，因此每當遇上困難，很容易就從前線敗下陣來，頹喪不已。有了這番自覺，所以要更加發心立願。

五、**自覺待人不夠真誠**：對於朋友，我有真誠的與他相處嗎？對於家人，我有真誠的協助他們嗎？對於同事，我有真誠的給予助力嗎？對於社會，我有真誠的貢獻心力嗎？即使對人不能有所幫助，也不能欺騙、應付，應當至誠表達。真誠是做人處事的根本，待人不誠，怎可怪人待我不好呢？

六、**自覺耐煩不夠**：做人做事應該要耐煩，我們可以捫心自問：我耐煩嗎？別人說話，我不耐煩聽；別人做好事，我不耐煩知道；面

對公共事務，我不耐煩合作。不耐煩，就會一事無成，所以要改善。

自覺的內容很多，你有自覺應該要助人嗎？你有自覺每日行善多少嗎？乃至自覺所學有用嗎？自覺工作發心嗎？自覺身心健全嗎？倘若沒有自覺，即使給你再好的東西，教你再多的道理都沒有用。所以，人要不斷自覺，自覺才會進步。

色身

各位讀者，大家吉祥！

人類由「地水火風」四大合和的色身，在人間活動數十年，卻是生也不知從那裡來，死也不知往那裡去？平時只是為了滿足色身的欲望，展開種種營求，究竟我們對色身的認識又有多少呢？以下僅就經典所說，略述之。

一、**色身有時間的限制**：色身在時空中是有限制的，雖然我們的心性能夠「心包太虛，量周沙界」，但是色身在時間上說，數十年為一期的生命，所謂「今人不見古時月，今月曾經照古人」；從空間上來看，即使旅行家，窮其一生的歲月，也不能走遍世界每一個地方。

所以吾人有限的色身，跟無限的時空一比，其微小短弱，實在難可比擬，難以想像。人的色身即使有智慧力，有精神力，或者孔武有力，儘管色身質量再大，又能征服多少的時空呢？

二、色身有擁有的限量：色身在無限的時空裡，所用也是極其有限。即使你是一個家財萬貫的富豪，但是「良田萬頃，日食幾何？華屋千間，夜眠不過八尺。」甚至古代的帝王「普天之下，莫非王土」，但是你在無限的時空裡，微弱的色身所擁有的享受，又算得了什麼呢？

三、色身有人際的困擾：人有了色身，和其他人在一起就有了彼此，所謂「我相、人相、眾生相、壽者相」。既然有你、我、他等，彼此就有界限，就有分別，就有互不相容的情況發生。因為人我不相容，所以有人的地方，就有干戈，有人的地方，就有鬥爭。其實色身之微小，好像天空裡的一片雲，到處都可以飄浮，如同水中的一片浮萍，那裡不能自在？為什麼人要為自身的生存，必須那樣的障礙別人、排擠別人呢？

四、色身有老病的痛苦：一般人都希望自己能享受快樂生活，但是有了色身就有痛苦，這是非常現實的事。苦是人生的實相，人不但有飢寒逼迫的痛苦，尤其有老病的痛苦。甚至有的人從出生就生了怪病，數十年歲月都與病魔共存。病魔是人生的大敵，即使英雄也怕病來磨。人生即使再多的財富，也不能獲得自己無病，再高的名位，也不能換取自己的健康，所以色身最大的敵人，就是老病之苦。人有了色身，就不能不防備老病的煎熬。

五、色身有生死的輪迴：色身等於是我們的房屋，我們住在「色身之屋」裡，一期生命結束，這個身體就不是我的了，聚集在色身的生命，又要去輪迴。這就如同食物供給營養給人類，人類排泄成為肥料，又可滋養萬物的生長。我們從這一個色身，又換另一個色身，也如同木材燒火，一根木材的火燒盡了，另一根木材又能延續火炬。一根一根的木材不一樣，就如同色身也是一期一期不一樣，但生命之火在輪迴中是永遠不會熄滅的。

六、**色身有隔陰的迷惑**：這一期色身到另一期色身，雖然有生命之火，也就是「業力」在連繫，但是人有「隔陰之迷」，阻礙了我們相知的連線。人的色身是由「色受想行識」等五「陰」所積聚共成，所以有隔「陰」之迷。因為色身就是「質礙」，就如同房屋有了牆壁的隔閡，我們從這邊就看不到那邊；又如大樓一層層，樓上看不到樓下，樓下看不到樓上。大樓上下、裡外管理很難，同樣的，要管理三世的色身，也不是容易的事。

佛教的危機

各位讀者，大家吉祥！

無論國家也好，團體也好，個人也好，難免有「危機」。危機也可以成為「轉機」，所以不管危機或是轉機，都是機會。但是你有看到危機，才有轉機，你看不到危機，就不知道轉機。

佛教在世間流傳數千年，尤其在東傳中國二千多年來，歷經數次教難，每次都能化危機為轉機。現在佛教的弘傳雖然十分興隆，但內在卻潛藏著危機。佛教的危機在於：

一、沒有教主：佛教的寺院道場，應該供奉教主才對，但眼看現在的寺院，慢慢走上捨棄教主釋迦牟尼佛，而轉為供奉阿彌陀佛、彌

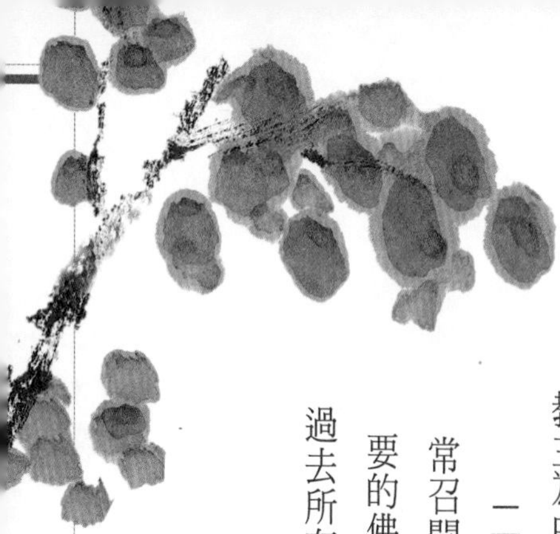

勒菩薩、觀音菩薩，甚至文殊、普賢、準提菩薩等。雖然現在也有一些寺院供奉釋迦牟尼佛，但是早晚課有稱念釋迦牟尼佛的名號嗎？平時開示有講說釋迦牟尼佛與大眾的關係嗎？反而觀音的靈感、彌陀的靈感到處流傳。往昔的佛誕節，寺院道場莫不隆重慶祝，如同父母生日一樣，現在的佛誕節則是虛應故事一番。當一個宗教，到了不以教主為中心的時候，這一個宗教還不夠說明危機已現嗎？

二、**沒有教義**：現在的佛教，雖然也在印行大藏經，也經常召開學術會議，但是大家需要的佛教究竟是什麼？家庭需要的佛教究竟是什麼？一般社會所需要的佛教究竟是什麼？在過去所有的寺院都是努力宣揚五戒十善、因果報應、善惡業力等，現在大家好像都從佛教裡畢業了，所有人間所需要的佛教課本，都將它束之高閣，雖然也有人倡導人間佛教，但寺院都有普遍奉行嗎？

三、**沒有僧團**：當初佛世時，出家人都有「六和僧團」的組織，就是在中國大陸，所謂「叢林」寺院，講究掛單集眾，一住就是數千人，而今過去的盛況在那裡呢？佛光山雖有千餘僧眾，也不能以此為傲，因為普遍的道場已經失去了以僧眾為主的傳統，現在的寺院不是忙於彼此的應酬，就是忙於經懺佛事的應付，對於集眾共修，對於以大德為中心的修學，到底已經不如當初了，不得不令人憂心。

四、**沒有組織**：上面所說的是沒有「三寶」，現在說到沒有組織。教會沒有統一的力量，僧侶沒有組織的系統，寺院也沒有大小的分別，誰也管不了誰。在國家政府沒有宗教法，在寺院裡沒有共修規約，也沒有叢林規約，一個初學的僧侶，沙彌十戒都不能遵守，過去所謂出家「先要五年學戒，方准聽教參禪」，現在已經不實行這一套了，這還不夠看出佛教的危機嗎？

五、沒有革新：世間任何事「法久弊生」，一間房屋還得年年油漆粉刷，給予更新；一件衣服，也要天天換洗，加以換新。這麼龐大的佛教，任他暮氣沉沉，沒有制度，沒有人才，沒有革新的理念，還能不叫人擔憂嗎？

六、沒有團結：佛教的危機中，最嚴重的，當數佛教的僧侶之間沒有團結，沒有合作，沒有和諧，沒有動員。佛教有南北傳的歧異，有顯密的不同，有新舊的分別，因此把力量都分散了。反觀世間上，現在歐洲的小國家慢慢增多，他們看出危機，所以合作組織歐盟；一些不同的少數民族，也慢慢覺醒，知道要組織少數民族共同體。可是佛教的未來希望在那裡呢？我們希望佛教的危機，也能成為轉機。

吾日八省

各位讀者，大家吉祥！

孔門的曾子每日「三省吾身」，其實一個正人君子，應該時時刻刻都如佛教所說：舉心動念，都得省察自己的心意。現在列舉「吾日八省」如下：

一、省己說話不當：一個人，如果總認為自己所說的話很對，其實這就是錯的；能經常把自己說話的不當之處省察出來，並有勇氣認錯，這是第一省的功夫。

二、省己行為不正：所謂行為，就是身體表現在外的行儀。走路、做事，行為正派不正派？如果輕浮浪蕩，行為諸多不正，自己卻不懂省察，即使別人糾正，他也會跟你狡辯。假如自己能自我省察，行住坐臥，各種行儀都不犯規矩，就是第二省的功夫。

三、省己存心不良：一般人好指責別人的過失，對自己的缺失、短處，總是用各種藉口替自己辯護。對自己的存心善惡、好壞，不去省察，當然不肯認錯。其實，人的心理，貪瞋、嫉妒、偏見、懷疑，諸多不良；假如不洞察自己的存心，不自我反省，怎麼能改進呢？所以省察存心，這是第三省的功夫。

四、省己思想不純：佛教所謂「見」、「思」二惑的煩惱，就是思想上的不純，見解上的不正。尤其思想上的根本煩惱，貪、瞋、癡、慢、疑、邪見之外，還有忿、恨、惱、覆……等「小隨煩惱」十個，無慚、無愧等「中隨煩惱」二個，昏沉、掉舉、懈怠、放逸……等「大隨煩惱」八個，這都是說明思想的錯誤。

現在世間的糾紛，大都是思想不同造成；能夠自我省察出思想上的錯誤，這是第四省的功夫。

五、**省己待人不公**：父母生兒育女，都會有分別心，喜愛老三、老么，不喜歡老大、老二，所以真要待人公平，這是多麼難的事。學校裡的老師，當然喜歡聰明、討人喜歡的學生，對那些愚笨的學生，當然有所歧視。實際上，一個有病的人，必須多受父母、師長的關愛，如果要省察自己待人是否公平，不能不注意這些差別中的平等，這是第五省的功夫。

六、**省己事親不孝**：現在社會結構變遷，愈來愈多孝順的父母；相對的，兒女對父母卻愈來愈疏離。我們看，兒童醫院裡，父母川流不息；老人公寓裡，探視父母的兒女，寥寥無幾。孝道在淪喪，我們有省察自己對父母是否盡到孝順之責嗎？

七、省己對上不敬：中國人向來有「敬老尊賢」的美德，但現在年輕人和老人之間都有「代溝」的問題。對老人愈來愈不關心，愈來愈不懂得要尊敬老人，所以古有「棄老國」，慢慢的，現在的社會「棄老國」也在成形。

八、省己憤世不平：有的人，憤世嫉俗，總覺得國家對他的關照不夠，父母給他的栽培不多，社會大眾對他的評價不公，所以憤憤不平。其實，你應該反省，你對國家社會有什麼貢獻？你對父母長輩孝順多少？你對朋友盡了多少道義？你對社會苦難眾生付出多少關懷？能如此，就是第八省的功夫。

人能自省，才能自覺；有了自覺，才會進步。

牢籠

各位讀者，大家吉祥！

一隻小鳥，關在籠子裡，雖然天天有人餵食，但是不能自由的翱翔天空，因為鳥籠限制了牠的自由。一群游魚，養在庭院的池塘裡，雖然也能生存，但是不能酣遊大海，因為池塘限制了牠們的自由。

人，也經常被家庭、金錢、名利所束縛，成為人生的牢籠。甚至愛情、執著，都是人生的牢籠。牢籠裡是安全的地方，牢籠裡也是可怕之地。有的人要革命，要解放，就是希望能走出牢籠；有的人把傳統看成是牢籠，要從傳統走向現代，他也希望要打破牢籠才行。

社會人生的確有許多牢籠有待掙脫，例如：

一、監獄是身體的牢籠：監獄是關閉罪犯的地方，監獄的牢籠把囚犯限制在一定的空間裡，不能自由。但是有些囚犯，身體雖然被關，只是行住坐臥的不自由，他的心靈其實是自由的。佛教裡有一些閉關修行的仁者，不但關閉身體，也關住自己的心靈，因為心如盜賊。王陽明先生說：「擒山中之賊易，抓心中之賊難」，所以要透過閉關，希望把心靈的盜賊也囚禁起來，讓心靈能夠淨化。

二、罪惡是心裡的牢籠：被囚的身體，在監獄裡不能自由；走在路上的行人，雖然行動沒有失去自由，但是心裡充滿罪惡感，不能坦蕩、自在，那就是心裡的牢籠了。有人晚上走路，總覺得後面有鬼怪跟隨；有人走在路上，總覺得周遭布滿警察密探。因此，有些人犯了罪，雖然逃過法律的制裁，但是因為自己良心不安，感覺有愧於人，只有一輩子住在心裡的牢籠。

三、**主義是思想的牢籠**：現在世界上的主義何其多，有所謂資本主義、社會主義、拜金主義、唯物主義、唯心主義、虛幻主義等。世界何其大，何必用一個主義把自己囚禁起來呢？我是某某主義的信徒，如果是慈悲主義、愛國主義倒也罷了；假如只做某一個學派、某一個人的崇拜者，硬把自己的思想縮小，那就划不來了。

四、**地球是族群的牢籠**：個人用「監獄」關閉，失去自由；許多人生長在某一個海島，終其一生就在島上生活，海島也是牢籠。現在的民族，像原住民、邊疆民族，志願把自己的同類，集中在某一偏遠地區，以地球做牢籠。其實，芸芸眾生都是兄弟姊妹，何必把自己囿限在一個地區呢？就算是同文同種、同一文化，如因居住地區的侷限，不能融和到人類社會裡，只在地球的一角，那也是一間牢籠。

五、**成見是進步的牢籠**：在國文課本裡，愚公移山，智者笑他：

太行山那麼雄偉、高大，怎麼移得了呢？愚公說：我有兒子，兒子有孫子，孫子又有兒子，子子孫孫，不斷繁衍，而山嶽不見其增，只見其減，有什麼不能的呢？但是智者還是認為，以愚公殘年之力，難動山嶽之一毫！愚公不禁慨歎說：「汝心之固，固不可徹！」平常我們總是執著成見，因為成見而阻礙了自己進步的動力，何其不智！

身體的妙用

各位讀者，大家吉祥！

每個人都有一個身體，有的人的身體如行屍走肉，有的人的身體充滿了活力。茲將身體的妙用一述：

一、用眼睛觀

看世間真相：小小的眼睛，能看遍廣大的世間；世故而經驗老到，或是有智慧的人，世間善惡美醜都

逃不過他的慧眼。

二、用耳朵傾聽美妙音聲：一句好話，能使我們心開意解；一首美妙歌曲，能讓我們渾然忘我。從耳根多聞裡，善解世間諸事，體會世間人情。感謝聽聞讓我們知道人間多少苦樂，傾聽人間多少奧祕。

三、用眉毛莊嚴無用之地：人的身體上，一般人總認為眉毛最沒有用處，但是把眉毛剃光，則人將會成為什麼樣子呢？所以沒有用的眉毛，把它擺在眉宇之間，它就能讓我們法相莊嚴，給人歡喜，這就是大用。

四、用美妙語言讚歎大眾：每個人都喜歡聽人善意的讚歎，一句好話的鼓勵，一句善言的讚美，好像夏天的甘露，冬天的太陽，所以我們要善用語言讚美別人。

五、用真心微笑美化人生：世間上最美的東西不是彩色，不是繪畫，世間上最美的東西是真心的微笑。連佛陀都用「拈花微笑」來傳達心意，表示教外別傳的佛法，可見微笑最能解決世間難解的問題。

六、用雙手大做人間好事：「雙手萬能」！的確，人靠著雙手做出一番事業，打下一片江山。例如醫師用雙手替病人打針敷藥，工人用雙手做成巧妙無比的物品。人類如果不知善用雙手大作好事，實在太辜負自己的雙手了。

七、**用腳步走出康莊前途**：每個人有每個人的世界，每個人有每個人的天下，我們的天下、世界在那裡呢？就在我們的腳下。只要我們步伐穩當，循規蹈矩，一步一腳印，自然能走出自己的康莊前途。

八、**用雙肩擔當社會責任**：所謂社會責任，包括國家、家庭、自我。人活在世間上，不是靠別人來養活我們，而是我們要為國家善盡一分身為公民的責任，所以要用雙肩擔當社會責任。

九、**用面容表達歡喜愉快**：一個人要把歡喜分享給別人，但不要把憂愁、苦惱傳染給別人，最好的方法就是保持愉快歡喜的面容。在家庭裡，要用幽默帶給家人歡喜；與朋友相處，要表達愉快，散播歡喜。是則長此以往，自己的人緣、事業，也會有不同於人的成就。

十、用寬闊胸懷包容一切：一個人的事業想要有多大，胸懷就要有多大。你能包容一個人，一個人就是你的；包容一個團體，團體就是你的；包容一個國家，國家就是你的；包容天地世界，天地世界都是你的。所以，自我的胸懷有多大，自我的世界就有多大。

十一、用鼻舌體會人間妙味：鼻子探香探臭，舌頭嚐鹹嚐淡，鼻舌和人間的妙味最能接觸。其實人間的妙味是在人情味，能把人情味體會得精純奧妙，則與世間必能相應。

十二、用力行信仰創造淨土：佛教裡，阿彌陀佛四十八大願創造「極樂淨土」；藥師如來十二大願成就「琉璃世界」。我們只要有力行大願，何怕不能成就「人間淨土」呢？

「有志者事竟成」，人間淨土就有待大眾的開發了。

阿賴耶識

各位讀者，大家吉祥！

「阿賴耶識」是一句印度的語言，中國話的意義就是「我」的意思。人有八識：眼識、耳識、鼻識、舌識、身識、意識、末那識、阿賴耶識。前七識都有死亡、毀壞的時候，只有第八阿賴耶識的「我」，是吾人的真心本性，它可以隨著我們流轉五趣六道、輪迴天上人間，是永恒而不會消滅的。

阿賴耶識這個「我」的生命，就像念珠的線，把一顆顆的念珠串起來；阿賴耶識把我們一期一期、一階段一階段的生命銜接起來。在三世流轉的生命裡，雖然因為人有「隔陰之迷」，因此不知前世、來

生，但生命的業力流轉，那是絲毫不差的。

玄奘大師形容阿賴耶識是「去後來先做主翁」。意思是說，人到世間上來，阿賴耶識比眼耳鼻舌身意先進入母胎；人死之後，阿賴耶識是最後離開的識，它是我們生命的主體。阿賴耶識有四種比喻，恰好說明它的功能與特

色：

一、阿賴耶識像一塊田地：田地是生長禾苗的地方，你播了什麼種子，它就生長什麼果實。阿賴耶識帶著前六識所造的業，不管善的、惡的，經過第七識傳送給它，它都會一一接受。然後在八識田中隨著業力成長，是善是惡、是幸是不幸，前面的諸識都不管了，只有第八識像一塊田，讓種子發芽，成為果報。

二、阿賴耶識像一個倉庫：倉庫是存放東西的地方，金銀財寶可以存放在倉庫裡，桌椅條凳也可以存放在倉庫裡。阿賴耶識就像倉庫一樣，存放我貪、我執所造作的成果，在這間倉庫裡，都不會被人盜取，也不會爛壞。只要等到時機因緣成熟，它就會顯現報應，那就是我人在人間產生苦樂人生的主因了。

三、阿賴耶識像一片大海：在唯識家看來，阿賴耶識就像大海一樣，河川溪水流到大海，大海不會嫌棄、排拒；即使把骯髒的垃圾丟到大海，也不會污染大海的清潔。就等於人在世間所造作的業力，儘管生命的主體阿賴耶識要去受業報，但業報是有盡的，生命的存在是永恆的。所以人有生死，那是業報的現象；但真實說來，生命主體的阿賴耶識，生也未曾生，死也未曾死，它永遠與時空同在，與自然共存。

四、阿賴耶識像一條命根：阿賴耶識就是我人生命的主體，這個主體的命根就如木柴燒火，木柴燒了一根再燒一根，一根又一根的木材儘管不同，但生命的火炬會一直延續。這就如同我們在五趣六道裡流轉，儘管張三、李四，豬、馬、牛、羊，生命的形體不一樣，但是生命的火都是一樣的燃燒，所以真正的生命是不死的。

所謂「木有本，水有源」，生命其來有自，並不要神明創造，也不要上天給予，那是自然的循環、自然的業報。所以吾人在世間，只要管好自己的身口意三業，行善做功德，就算這些不是真實的，但是它會影響我們的主人翁阿賴耶識去受報，因此人生的幸與不幸，就看自己的業報了。

非法安住

各位讀者，大家吉祥！

我們對於剛認識的朋友，習慣上總會問對方：「您府上住那裡？」有的人住在台北，有的人住在高雄，或是住在中山北路，住在南京西路等。

其實，每個人住在那裡並不是很重要，重要的是，我們的「心」住在那裡，這才是大家應該自問的。我們的心，天上地下，東南西北，可以說每天都是「心猿意馬」，一刻也不肯停留的在人我是非、好壞得失上打轉，所以我們的心都是安住在「非法」上面比較多，例如：

一、**安住在名利上**：我們的心，從早到晚，不是想名就是慕利，時時念念都與名利相結合。然而名利都是不定法，都是會變化的，所以我們的心在名利得失上，也就無法安住了。

二、**安住在感情上**：情愛更是變化無常，今天山盟海誓，明日可能就移情別戀了。其實情海生波，也不能完全怪對方水性楊花，愛情不貞，因為世間情路本來就是坎坷多變的，有時為了美醜問題，有時為了貧富問題，有時為了思想問題，有時為了學歷問題，那個不是在愛情的路上隨風起浪？真正能夠為情堅貞不渝的，畢竟是少數，因此愛情也不是長久安住的地方。

三、**安住在是非上**：我們的心每天都在人我是非、得失好壞裡轉來轉去，一句話好不好聽，立刻可以改變我們的心境，一件事應不應該，也讓我們懸念掛懷，所以在是是非非的人間社會，那裡能長久安住呢？

四、安住在塵勞上：《金剛經》說，我們的心都是在五欲六塵裡流轉。所謂「五欲」，就是財色名食睡，所謂「六塵」，就是色聲香味觸法。因為五欲塵勞都是動盪不寧，是虛幻無常的東西，心在五欲六塵裡，只能隨之起舞，不能安住。

五、安住在煩惱上：煩惱是人生最大的敵人，在佛法裡通常將煩惱分為根本煩惱與枝末煩惱二種。根本煩惱又分為貪、瞋、癡、慢、疑、見等六煩惱。其中，見又可分為身見、邊執見、邪見、見取見、戒禁取見等五種，合稱為十煩惱。人的煩惱之多，在這麼多的煩惱裡，我們的心又怎麼可能得到片刻的安寧呢？

六、安住在欲望上：蘇東坡說：「人之所欲無窮，而物之可以足吾欲者有盡。」由於吾人的欲望無窮，如何能在有限的物質裡獲得滿足呢？不過古人說「大廈千間，夜眠八尺；良田萬頃，日食幾何？」一個人即使擁有再多，所用其實是很有限的，然而卻因為不滿足，所以永遠不快樂。

因此，在世間法裡，身心很難找到長久的安住之處；唯有信佛、學佛，在佛法裡如果能獲得禪悅法喜，那才是我們真正的安心之處。

邪淫六事

各位讀者，大家吉祥！

佛教是個十分重視綱常倫理的宗教，在家信徒過著正常的男女婚姻生活，是被允許的，甚至即使離婚、再婚，也被視為正當的行為。但是如果夫妻以外的「邪淫」，就是犯戒了。

所謂「邪淫」，是指合法夫妻以外，男女之間不當的行為，是為國家法律及社會道德所不認同的非法行為，佛教即稱為「邪淫」。

男女之間有那些行為是屬於邪淫呢？

一、**暴力姦淫是邪淫**：兩性之間，最嚴重的犯行，應屬暴力姦淫了。沒有獲得對方同意，強迫行暴，或用不正當的手段、藥物迷昏，或是乘危強力遂其淫行。總之，侵犯別人的身體、貞操、名譽，都是犯了邪淫的重罪。

二、妨礙風化是邪淫：從事色情交易，例如娼妓、色情表演等，凡是涉及破壞社會善良風俗者，都屬妨礙風化的行為。此外，一些心理變態的人，在公眾場合做出猥褻行為，或是當眾暴露，也是有礙風化。總之，私自開設妓院，或是明目張膽的性騷擾，尤其是對年幼的童男童女強行猥褻，都是妨礙風化，也是邪淫的行為。

三、非婚男女是邪淫：成年男女，經過公開的結婚儀式，並經合法登記，這是社會所認可的正常夫妻關係。除此之外，凡是有夫之婦、有婦之夫，與他人發生婚外情，即使雙方你情我願，也算邪淫。世間多少的糾紛、煩惱、痛苦，甚至名聲掃地，都是因為發生婚外情的不正行為所造成，因為是不正的非法行為，所以稱為邪淫。

四、**非時非地是邪淫**：即使經過合法結婚的夫妻之正常關係，所謂的「行房」、「房事」，也是應該在臥房之內行之才正常；如果不是在適合的時間，不是在正當的地方，所做的苟合行為，也稱為邪淫。現在的男女，經常相約在校園、公園、電影院、咖啡廳，或是暴露的風景區，如海邊、沙灘等，都是非時非地的行為。

五、**同性戀情是邪淫**：同性戀的問題，近年來才漸漸引起社會重視，其實自有人類以來，凡是男女分別聚集的地方，就有同性戀情，尤其現在的軍營、女校，都有同性戀的問題。雖然現在有些進步國家，已經認可同性戀為合法行為，只能說世間諸事，難論是非。不過即使如此，同性戀也要舉行婚禮，才能為法律所認同，否則也是不當的行為。

六、花言巧語是邪淫：佛教制定邪淫戒，主要是教我們要懂得尊重別人，即使兩情相悅，也要經過正當交往，取得合法的保障。不能用花言巧語欺騙對方，或用金錢、勢力予以威脅、利誘，令對方無法反抗。甚至有人合謀設計「仙人跳」詐財，乃至拐騙少女從事色情行業等，都應視為是邪淫的行為。凡是邪淫之行，都為國家法律所不容，所有的倫理道德、宗教戒規，都視為是不該有的行為。

佛教非常重視社會風氣的淨化、家庭倫理的維護，尤其現在社會開放，男女之間每日都要相互往來，假如不確定名份，不能正常規範，大家任意發展，所謂「人欲橫流」，則家不成家，國不成國，危害大矣。再說，邪淫固是自己不當的行為，也讓親族、兒女臉上沒有光彩，所以為了家庭和諧，為了社會健全，不能不注重邪淫戒的持守。

卷三

是非的處理

對於是非的處理，別無他法，
只有「不說是非」、「不聽是非」、
「不傳是非」、「不怕是非」。
須知世間上只要有人的地方就有是非，
因此懂得處理是非，才是真正有智慧的人。

悟者的心境

各位讀者，大家吉祥！

學佛的人，一般都希望成佛。但是念佛的人只想求生淨土，參禪的人只希望開悟。悟者的心境，難以各自表明，這是「如人飲水，冷暖自知」，不易說明。勉強要說，悟者的境界，就像我們平時的經驗，久遠不懂的問題，一下子豁然開朗：「喔！我懂了！」甚至於禪宗說：「大疑大悟，小疑小悟」，我們平時的生活中，也有一些小體悟，對於一些人、事、

悟者的心境

理「我懂了」，那也是一種相似的悟境。

真正的覺悟，剎那之間十方三世忽然斬斷，虛空世界忽然泯滅，迷妄的世界被「悟」的一念粉碎，呈現在眼前的又是另一個嶄新的世界。百千的往事可能浮在你的眼前，十方世界都會向你靠攏而來，你會目瞪口呆，

你會有說不出的驚喜，你會有種種的表情，或哭或笑，或動或靜，情況不一。

悟者的心境確實很難說明，在此也只能勉強一談：

一、**從矛盾中統一**：矛盾是二種不相投的語言、事物，無法結合。但是在禪門裡，矛能刺盾，盾能抵矛，這不也是一種調和嗎？講者說有說無、說是說非，若從另一個角度逆向思考，矛盾又有什麼不能統一的呢？

二、**從複雜中單純**：千頭萬緒的亂麻，找不出頭緒；但是千絲萬縷，也總有個源頭。甚至青絲一把，複雜無比；慧劍一斬，各自分開。所以「一生萬法，萬法歸一」，從複雜中單純，在禪者來說，千軍萬刃之前他只道一句，多麼灑脫。

三、**從障礙中通達**：有的人只要稍為遇到一些障礙，就不能過關通達。變魔術的人，儘管千綑萬綁，只要他把身體活動一下，層層束縛自然鬆脫開來。障礙由何而生？其實障礙也是由人所為，「心生則種種法生，心滅則種種法滅」，心中的障礙一除，心中的魔影又在那裡呢？

四、從怨仇中寬諒：在世間上，我們有許多的恩人，也有許多的仇人。所謂「恩人」者，就是曾經幫忙我、濟助我的人；所謂「仇人」者，就是打擊我、障礙我、陷害我、排擠我的人。假如你把恩仇看成是對待的，則無以了脫；假如你把仇恨看成是用來考驗我、增加我的智慧、為我消災、讓我提高警覺，甚至當成是菩薩示現，若能如此一想，不但沒有仇，反而一切都是善知識，都是恩人。就如提婆達多一生陷害佛陀，佛陀反說他是善知識，是逆增上緣，因為沒有黑暗，那有光明？沒有罪惡，那有善美？所以即使指鬘外道害佛，也都是助佛成道的資糧。

五、從殘缺中滿足：殘缺對一個普通人來說，是非常不幸的事，但在一個禪者看來，殘缺其實也是一種圓滿。雙腿殘廢，好在雙腿殘廢，不必出戰異域，喪失生命；身形醜陋，好在身形醜陋，不必遭受無謂的情感騷擾。所以凡事能退一步想，從正面思考，殘缺也是一種圓滿。

六、從枷鎖中解脫：所謂枷鎖，貪瞋癡也；所謂枷鎖，無明迷惑也。枷鎖能束縛人的身體，但不能束縛人的心。如果心一明，何有枷鎖？所以禪者一悟，即能從枷鎖中解脫。

世間人看事物，總是充滿矛盾、差別、對待；但是在悟者看來，生死一體，有無一樣，來去一致，人我一如。所以只要一悟，宇宙山河，無邊風光，盡在方寸之間。

食存五觀

各位讀者，大家吉祥！

我們從事任何事，都應該有一些想法。平時說話，其實也只是為了表達一些觀念、看法；做事，不也是為了要完成一些理念、想法？就連吃飯，也有很多的觀念、想法。佛教把吃飯的地方叫「五觀堂」（齋堂），意即吃飯時，應做「五種觀想」，述說如下：

一、計功多少，量彼來處：吃飯時，須知我今日粒米進口，這是經過農夫辛苦種植，商人販賣，工人處理，家人燒煮，才能填飽我的肚皮，所以粒米的功德，豈是金錢所能衡量？所謂「佛觀一粒米，大如須彌山」，懂得「一粥一飯，當思來處不易」，就能以感恩心受

食，進而激發道心。

二、**忖己德行，全缺應供**：吃飯時應該想一想，自己的道德、貢獻，足以享受這餐美食嗎？如寺院齋堂的對聯說「三心未了水難消，五觀若明金易化」，如此一想，慚愧心油然生起，自然進德。

三、**防心離過，貪等為宗**：我們到「五觀堂」的「齋堂」吃飯，叫做「過堂」，這個用詞很有意思，意即告訴吾人，吃飯只是經過齋堂一下，如同「百花叢裡過，片葉不沾身」，不可起貪瞋念頭。在齋堂裡，面對好吃的東西，容易起貪心，不好吃的，則容易生起瞋念，所以必須要慎防自己的道心，要離開過失。

四、**正事良藥，為療形枯**：吾人所以吃飯，就因為「餓病」發作，所以要以飲食為藥來治療餓病，因此三餐飲食只是為了治病，為

什麼要貪求執著呢？三餐飲食既是為求飽腹，讓身體健康，因此不應只在美味上著意。

五、為成道故，方受此食：每日三餐，只是為了維持健康的身體，以便可以修行，成就未來的事業、理念，甚至成道開悟，因此才藉助三餐。進食三餐，既是為成道業，因此應該發道心，要精進奮發，方堪受食。

飲食是人生所不可少的資糧，民以食為天，假如沒有飲食，人就無法生存，因此我們「吃現成飯，當思來處不易；說事後話，唯恐當局者迷」。吃飯應帶著感恩的心，帶著隨緣的念頭，如同佛門的「托缽乞食」，要次第乞食，平等而乞，要不分貧富，不揀精粗，不計淨穢，不生增減。能夠懷抱這樣的心，才是如法的乞食，才能合乎飲食之道。

得度六法

各位讀者，大家吉祥！

佛教有所謂「六度」法門，說明人想要有所成就，必須懂得布施、持戒、忍辱、精進，以及要有禪定的功夫，還要有般若的智慧等。現在僅以新的「得度六法」，與讀者共勉：

一、忠義：世間上最可貴的情操，就是忠義，忠於感情、忠於責任、忠於友誼、忠於領導等。對上要忠，對下要有義，人我關係的情義，天地之間的道義，社會人群的仁義，宇宙養我、育我的恩義；我明白忠義、感謝忠義，實踐忠義，忠義是為得度第一法。

二、誠實：人際之間最可怕的就是虛而不實，最可貴就是相互誠實的真情友誼。因此，我們待人要誠實，我們與人生意往來要誠實，我們對親朋好友要誠實，甚至對國家社會要誠實無欺，我們的信仰要誠實。尤其所謂「上不欺天，下不欺地」，一顆誠實之心，才能感動天地。不誠實，遲早會被拆穿，唯有誠實，才能耐久，才能經得起考驗。佛陀三十二相中的「出廣長舌相」，就是因為誠實不妄語，所以

誠實是為得度的第二法。

三、慈悲：人從過去世帶到現生的，除了身體以外，還有一個內在的生命，也就是慈悲的本性。慈悲雖是人之本性，但是有的人受了外境之污染，轉慈悲為暴戾，為殘忍，為迫害。假如把慈悲本性斷了，將來的生命無以轉換、昇華；沒有慈悲，真不知如何是好，所以人寧可以什麼都遺失、毀壞，但不能沒有慈悲。人靠著慈悲的本錢行善做好事，生命才能有未來的希望。廣行慈悲，是為得度第三法。

四、正勤：在世間上做人，誠誠懇懇、正正派派，這是很正常的。但是如此還不夠，「正勤」就是要吾人對好事要更積極，義無反顧的勇往向前。苦難的人，我們要勇敢去度；可歌可泣的事，我們要勇敢去做。正如鑑真大師說：「為大事也，何惜生命？」為了人民的福祉，為了人間的安樂，為了世界的和平，精進不懈，為此努力者，

是為得度第四法。

五、信心：信心是力量，信心也是得度的寶藏，因為有了信心，就有目標，就有嚮往，就能鍥而不捨的奉持信仰。例如，對諸佛菩薩的恭敬，對佛法真理的探求，對行善之人的護持，對善事義舉的從事；不要小看了信心，有信心無事不辦，所以信心是為得度第五法。

六、覺悟：人生不可以一直執迷不悟，回頭是岸！只是什麼時候回頭？人生應該要有些覺悟。然而什麼時候才能覺悟？我們能覺悟昨日的非法，今日的正道，覺悟往昔的錯誤，今日的悔改，所謂「轉迷為悟，轉邪歸正」，只要能覺悟，還怕將來不能成為正大光明的人生嗎？所以覺悟是為得度第六法。

當然，得度的法門很多，六度中任何一個法門都可以得度，何況六度共同奉行，焉能不度？

執著

各位讀者，大家吉祥！

「執著」是好，是不好？擇善固執，未嘗不好；執非為是、執邪為正，那就不好了。「執」在佛法裡分有「我執」、「法執」。我執就是執我為是，以我為重。我見、我聞、我思、我知，什麼都以「我」為中心。「我執」的人不知有人、有理、有大眾；執著自我的人難以相處。

我執以外，還有「法執」，也就是對於是非、善惡、長短、高低、有無，不是執有，就是執空。「法執」重的人，執大、執小、執方、執圓、執偏、執邪，對一切法偏激執著，難以圓融。

世間上的人，因為不能破除「我執」與「法執」，所以多多少少都有一些執著，例如：

一、觀念的執著：自己認定的東西，就執著自己的觀念，不能修正。自己認定的如果正

確，倒也罷了，不正確的也要執著、計較。執著只會侷限自己，束縛自己，讓自己不能擴大，不能圓融，執著到最後，不能進步，不能成功。

二、文字的執著：有的人寫文章，字斟句酌，「歡喜」一定要用「高興」，「因此」一定要用「所以」，「實在」一定要用「真的」，「玩耍」一定要用「遊戲」，因為執著而不能融會貫通。唐朝的王勃先生，在《滕王閣序》寫道：「落霞與孤鶩齊飛，秋水共長天一色」，他自覺自己描景的文詞美妙無比，可謂天衣無縫，因此沾沾自喜，死後一直在金山寺的沙灘上，吟誦這個句字。金山寺的老和尚聽了批評道：文字貴求簡單，如用「落霞孤鶩齊飛，秋水長天一色」，不是把「與」和「共」包含在其中了嗎？王勃因此放棄自己的執著。

三、習慣的執著：有些人對自己的習慣非常執著，喜歡什麼顏色，喜歡什麼用具，喜歡什麼環境；只要合乎自己的心意，不管別人喜歡不喜歡，他就是一直執著自己的生活習慣。甚至有人習慣於開玩笑，習慣於不正經，習慣於諷刺別人，習慣於說風涼話。然而人不能只覺得自己的習慣就是對的、就是好的，如果別人不認同、不認定，也要改變自己的習慣才好。

四、思惟的執著：有的人思惟方式和大眾緊緊結合在一起，但也有人的思惟，都是與眾不同，你認為好的，他說不好，你認為不好的，他認為善美。思惟的方式，可以看出一個人的教養，看出一個人的智慧，看出一個人的能力，看出一個人的人緣。慈航法師一再召告世人：「以佛心為己心，以師志為己志」，不要讓自己

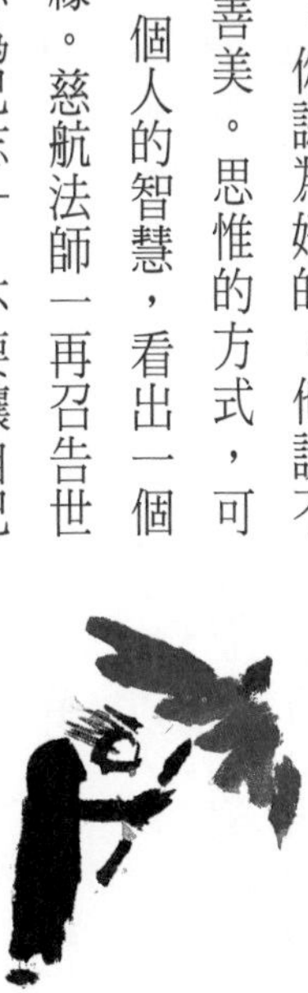

的思惟方式離經叛道，或者空洞，或者偏執，或者不切實際。思惟講究實用，講究合乎眾議，個人的思惟，個人的執著，派不上用場。

五、情感的執著：人的另一個名稱叫做「有情」，所以人類的感情最容易自私、執著。與我有關的、我愛的，都是好的，都是對的；與我無關、我不愛的，就不去關心。感情的執著，最容易犯錯，感情是一片遮板，遮住了眼睛，看不到他人，看不到世界。在感情裡執著，私愛、溺愛、錯愛就這樣發生了；能把愛執放下，一切訴諸於公正、公開，就不會給情愛蒙蔽了。

六、理想的執著：理想是應該執著，但是理想也要注意合不合乎時宜?時代不斷在進步，社會不斷在變化，思想也需要求新、求變、求全。人要有理想，才能定目標，理想是一切事實之用，事實是一切理想之果，理想也要淨、要正、要全，尤其更要善美，才值得堅持！

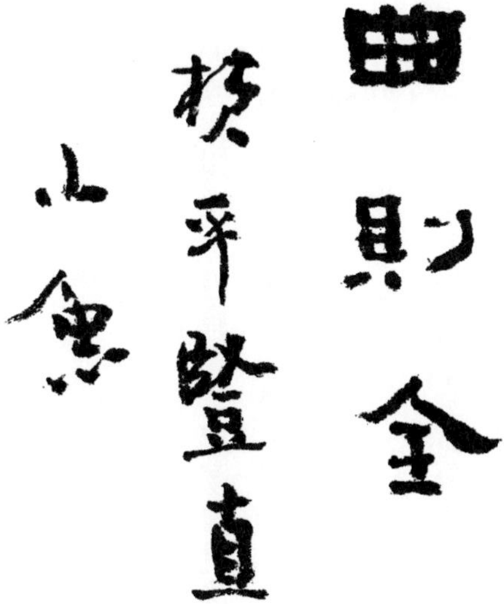
曲則全
小愚

梵唄

各位讀者，大家吉祥！

佛教裡的理想世界，就是一個「涅槃寂靜」的地方，但是佛教又非常重視「音聲」，佛陀叫人要經常說法，沒有聲音怎麼好說法呢？佛教叫人以「音聲作佛事」，所謂念佛、念法、念僧，都要有聲音。當初釋迦牟尼佛就是修一個「以音聲讚歎諸佛」的法門，因此比彌勒早成佛，可見音聲讚歎之重要。

遺憾的是，過去讚歎諸佛的梵唄，現在都用在早晚課誦，只在佛前讚歎。其實一切眾生都是未來諸佛，何不讓梵唄走到群眾裡，讓「眾生即佛」的意義，帶動梵唄走上更高一層樓，更加發揮他的意義、價值，不是很好嗎？茲將梵唄應有的意義和價值，分述如下：

一、**以音聲禮讚諸佛**：所有宗教，都會透過詩歌、偈頌來讚美各自的教主。如天主教的讚頌詩，基督教的讚美歌，他們都很通俗；唯有佛教把讚歎三寶的偈語，寫得深奧難懂，甚至唱腔也不容易學習。尤其佛教重視口傳，沒有樂譜，所以流行困難，以致梵唄始終只侷限在佛殿裡，只是用來讚歎諸佛菩薩之用，一直走不出大雄寶殿，殊為可惜。

二、**以音聲供養大眾**：現代的佛教已經進步了，懂得梵音樂聲不只是可以用於早晚課禮讚諸佛，而且可以在大庭廣眾裡，用音聲來供養大眾，就如供佛一樣。所以現在電台的廣播、電視的表演，甚至在國家殿堂裡，都可以聽到嘹亮的梵

音，讓一般信佛但入門未深的大眾，聽到梵音都可以心開意解，共享禪悅法喜，實在是非常有意義的事情。

三、以音聲廣作佛事：在佛教裡，念佛誦經是佛事，參禪打坐是佛事，布施濟人是佛事，靜思冥想是佛事，持咒相應是佛事；當然，梵唄歌唱的樂聲也可以當為佛事。可惜過去佛教傳播的地區，幅員遼闊，各地的唱腔、音調不一，造成現在的西藏、日本、韓國、緬甸、泰國等，諸種不同的音聲，各唱各的，不能統一。假如現在有人發心，把各國的音樂匯集，成為佛樂大全，從中再邀集音樂專家，給予共謀統一之計，必能發揮更大的弘法力量。

四、以音聲廣結善緣：我們布施物品讓別人享用，這就叫做結緣；我們用好言好語弘法讓別人受益，這也是結緣。以音聲弘法結緣，這是今後佛教弘傳的重要方便法門。也就是說，所有佛教弘法

師，不一定講經說法才叫弘法，拉一首二胡、彈一曲古箏，讓佛法義理透過樂器的伴奏，以唱講的方式弘傳出去；或是高歌一曲，或者偈語一段，可以獨唱，可以對唱，可以合唱，甚至可以多重唱，以各種不同的方式，發揮梵唄音樂廣結善緣的力量。

除了以上四事以外，我們從一些佛教的繪畫中，可以看到天人供養三寶，每人手捧樂器，可見當初佛世也有音樂大會。甚至在極樂世界裡，鸚鵡、舍利、迦陵頻伽，以及流水等，水鳥都會說法，所謂法音宣流，增加極樂世界民眾的信心。所以，今後佛教的發展，要靠各種語言，各種音聲，各種方便，才能在今後的社會，發揮弘化之功。

信仰的類別

各位讀者，大家吉祥！

經常聽到有人說：「只要心好就好了，何必信仰宗教呢？」既然心好，為何不信宗教呢？也有人說：「我什麼都不信。」然而一旦遇到人生中重大的苦難，例如失意、失業或是生病時，很自然就會想要找一個宗教來依靠，尤其家中有人往生時，也會找法師誦經，所以人只要有生死問題，就離不開宗教。

基本上，人本來就是宗教的動物，必然要有宗教信仰，只是談到信仰，也有層次上的不同，一般可分為四種類別：

一、邪信：有的人一開始信仰宗教就走錯了路，信了邪魔外道，這就是「邪信」。

二、不信：比邪信好一點的是「不信」，不信仰任何宗教固然不好，但至少沒有走錯路，沒有中毒，將來再選擇一種正確的信仰，還有得救的機會。

三、迷信：有一種人信仰虔誠，雖然不懂教義，不會分辨而「迷信」，但迷信總比不信好一點，因為雖然是迷信，總還有一種信仰。像一些老公公、老婆婆們，手裡拿著一枝香，虔誠的跪在神明面前，口中喃喃有詞，在一般人看起來是迷信的行為，但是他們那一片純真的心，是非常可貴的。至少宗教勸善止惡的觀念，已深植在他

們的心中，因此即使是迷信，也比不信好。

四、正信：當然，信仰宗教還是「正信」最好。所謂「正信」宗教，就是必須信仰具有歷史考據的，信仰世界公眾承認的，信仰能力威勢具備的，信仰人格道德完美的。

「正」是正常、正當、正確；正就是對的、好的、善的。例如我們建一棟房子，要強調「正」，棟梁要正，門窗要正；寧可「正而不足」，也不可「斜（邪）而有餘」。「正」的重要，由此可見。

自古以來，有人類便離開不了宗教，宗教信仰是發乎自然、出乎本性的精神力。宗教的重要，在於能領導生命的大方向，能將生命之流的過去、現在、未來銜接，所以人人都應該有宗教信仰，尤其有了正信的宗教為導，我們的生命才有規範與目標，我們的心中才能找到真正的自我。

信佛的層次

各位讀者，大家吉祥！

隨著「人間佛教」的風起雲湧，現在舉世的佛教徒增加了。平時經常聽到有人統計說台灣的佛教徒有多少，世界的佛教徒有多少，但是總說雖然都是佛教徒，其中卻有「信佛」、「求佛」、「拜佛」、「念佛」、「學佛」與「行佛」的不同：

一、**信佛**：一般人信佛，剛開始僅止於表示不反對，承認自己是佛教徒，但是並不是真的認識佛教，對佛教的義理並不了解，也沒有皈依受戒，只是覺得佛像很莊嚴，知道佛教很好，甚至因為父母是佛教徒，因此很自然的傳承父母之教，只是一種文化的繼承。

二、**求佛**：有的人知道佛教很偉大，認為理所當然的佛祖應該會幫人的忙，因此平時雖然沒有想為佛教做什麼，但是一旦遇到生病、貧窮、失意、失敗、失業等人生困境時，就想到求佛幫忙。姑且不管佛祖有無幫忙，但是有此希求之心，自己的佛祖會在心中增加力量。

三、**拜佛**：有的人感覺佛陀很慈悲偉大，在他面前很自然的就會謙卑禮拜，表示恭敬。有的人拜得如法，也能與佛接心，感到身心有一種輕安歡喜的變化，獲得佛的力量、慈光加持，這就是信仰的昇華。

四、**念佛**：有的人剛開始念佛，只是隨緣的念釋迦牟尼佛、阿彌陀佛、藥師佛、觀世音菩薩，慢慢念到感覺佛與自己同在，所謂「朝朝共佛起」，念佛心中就有佛，念到身心舒暢、輕安自在、煩惱減少、心開意解，當然就會歡喜念佛。

五、**學佛**：經過念佛，身心有了感受之後，再經師長指導，覺得應該要學佛。所謂「學佛」，佛有慈悲，自己有學到他的慈悲嗎？佛有智慧，自己有佛的智慧嗎？佛有願心、忍耐，佛是無有執著、無有計較、無不放下，如果自己也能如佛一樣無牽無掛、自由自在，這就是「學佛」。

六、**行佛**：學佛如果沒有實踐，則「如人說食，終不能飽」，因此學佛之後，更重要的是自己要慈悲喜捨，要行四攝法，要有六度萬行，要「行佛所行，做佛所做」，如果能夠如佛所說的去實踐，到了最後即「我是佛」，這就是學佛的最高層次。

佛教講「解行並重」、「福慧雙修」，都是說明學佛不能只在義理上鑽研，佛法要在生活中體驗、印證，唯有透過自己力行，才能融入身心，成為自己血液裡的養分，如此才能得到佛法的受用。

涅槃

各位讀者，大家吉祥！

在佛教裡，修道人追求的最高境界，叫做「涅槃」。這個境界不能說是生、是死，而是超越生死的一種悟界。當初佛陀降魔而開悟成道的時候，就叫做涅槃。也就是說，佛陀完成慈悲、願力，進入安詳無分別的一種超然解脫的境界，就叫做涅槃。

涅槃是泯滅生死，進入平等、安和的境界，也就是不生不滅的意思。但是一般人不懂，以為涅槃就是死亡，因此總把涅槃和死亡畫上等號。試想，如果涅

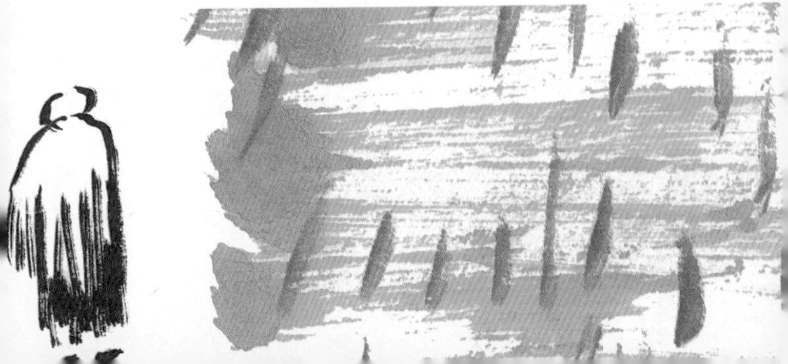

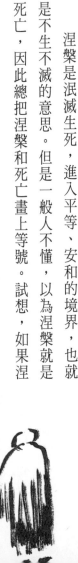

槃只是死亡以後的世界，那麼有那一個修道人願意辛辛苦苦，只為求證一個死後的世界呢？

其實，也不只是一般人誤解，就算是佛教人士，對於大德長老辭別世間的時候，也都是用「涅槃」來形容。例如某某法師「得大涅槃」，某某長老「涅槃解脫」，這實在是曲解了涅槃之意。

在佛教裡，二乘的羅漢開悟證果，只是證到「有餘涅槃」，必須大乘佛道的諸佛菩薩，經過百千萬劫的修行，才能證得「無餘涅槃」。「有餘涅槃」表示還有一些世間的依靠，例如依於精神、依於心理、依於悟道、依於智慧；能到「無餘涅槃」，那就是一個慧日朗照虛空、似無依靠，但是光輝普照一切的平等

世界，是一個真常、真樂、真我、真淨的世界。

茲將「涅槃」之義，略述如下：

一、**永恆的生命是涅槃**：人都有「分段生死」，一期一期的生命，在法界裡流轉，善趣惡道，升沉不定。生命本來是永恆不死的，只因眾生迷惑不覺，所以沉淪世間。眾生就算是有永恆不死的生命，但是仍有生死流轉；唯有證悟涅槃，才能超越分段生死，證得一個與虛空法界同在的永恆生命。那是「生也未曾生，死也未曾死」的一個光風霽月的境界，也就是永恆的涅槃生命。

二、**究竟的安樂是涅槃**：證悟佛果，不是進入虛幻的世界，而是在涅槃裡享受究竟的安樂。一般凡夫眾生享受世間的欲樂，那是有染污、有是非的短暫之樂，所以聖者都知道世間的欲樂不究竟，唯有求證涅槃，才能從無邊的苦海，度到對岸，享受美好風光，安住在美好的林泉之間，乘心如意的享受自在安樂。

三、**絕對的真我是涅槃**：「我」是煩惱的根源，執著「我」是生死沉淪的原因。涅槃不是沒有「我」，而是超越五陰覆蓋的「假我」，昇華而為一個至大、至廣的「真我」。那是吾人的本性，是每一個人的本來面目；唯有證悟涅槃，才能找到究竟的真我。

四、**至善的清淨是涅槃**：涅槃是清淨的，是究竟善美的。證悟涅槃的境界，勉強舉譬，就如空氣中完全沒有污染，那種清新無染的空氣，就是寂靜的涅槃。再如湖水清澈見底，一點兒雜質染污都沒有，可以如實映現月影，這種安詳至美的境界，就是涅槃。

病人打針，要經過清毒；講究衛生的人，用餐時碗筷也要清毒。經過消毒後無染的世界，就是至真、至善、至美的清淨涅槃。

信仰的進化

各位讀者，大家吉祥！

人，不管有沒有信仰宗教，基本上人都是宗教的動物。全世界數十億的人口，儘管國家不同、膚色不同、文化不同，但是都有宗教信仰。有人說他不信宗教，可是一旦重病的時候、苦難的時候、危險的時候、生死交關的時候，他就知道宗教信仰的重要了。

自古以來，信仰也是不斷隨著人類文化的發展，慢慢在昇華，慢慢在進化，信仰也有進化的層次，略述如下：

一、對自然的尊敬：人類在混沌初開的時

候，對宇宙大自然不了解，這時候很容易對大自然產生崇拜。例如，看到風雨雷電，就認為這一切現象，好像都有神明的力量，都是神明的功用。甚至舉凡山川大地、森林樹木，在人看來，山有山神，地有地神，水、火、大樹、石頭，都有自然的神力，都有不可思議的力量，因此很自然就對大自然生起敬畏之心，這就是最初的宗教信仰。

二、對英雄的崇拜：及至人類的歷史慢慢發展，在人群中產生許多英雄及傑出人物，如孔子、孟子、關公、諸葛亮、文天祥、岳飛、媽祖等。人們崇拜他們救人救世的英勇事蹟，

等到他們死後，便為之建廟祭祀，這時候就是英雄宗教的信仰了。

三、對神鬼的迷思：有人在現實生活中，感受到冥冥中還有另外一種神秘的力量，讓他感到高不可測，他就聯想到神仙的世界，想到來無影、去無蹤的鬼神，因此對沒有見到，也不可知的鬼神生起信仰，並以此為依靠，所以神權的世界就這樣普遍開來了。

四、對自我的執著：信仰發展到某個程度，有人就會對自己的信仰產生執著，例如對城隍、土地公的信仰執著，對文昌帝君、五府千歲信仰的執著，對耶穌、穆罕默德信仰的執著，對觀世音、地藏王信仰的執著。所謂「敬神如神在」，到了執著信仰的時候，其實他自己就像他所信仰的城隍、土地、耶穌、土地公、觀世音。你說他是迷信，但他對自己所信仰的宗教體驗，自有他肯定的價值。到最後他從對自我的執著中，產生了心靈上的神鬼迷思，這時候「神護我，我造神」，兩者其實已經不容易分辨了。

五、對真理的崇敬：信仰的昇華、進步，到最後所謂「正信」宗教，那就是對真理的崇敬了。信仰本來就應該信仰實在的，信仰道德的，信仰大能的，信仰人本的。我所信仰的宗教真能合乎上述的條件嗎？信仰宗教，所謂「正教」，它的說理必須能普遍應用，不會因為時移世遷而有所改變；它的道理要能不分古今中外，都是必然的，都是平等的，都是普遍的，都能經得起考驗的。合乎以上所說的內涵，才是正教；能夠信仰正教，才是真正對真理宗教的崇敬者。綜觀世間，除了佛教，還有什麼可以上榜呢？

殺生六事

各位讀者，大家吉祥！

世上最殘忍的事，莫如殺生；殺生斷命，最是缺德。明朝的燕王朱棣，為了自己想當皇帝，命方孝孺擬旨召告天下；方孝孺眼看建文帝已經即位，因此不肯奉命擬召，燕王於是下令，誅殺方孝孺十族八百餘口。

歷史上，此等殘忍屠殺之事，幾乎每朝每代每帝都有，不禁令人掩卷歎息。所謂「欲知世上刀兵劫，但聽屠門夜半聲」，由於人類殺業太重，難怪世間災難頻傳，戰火不息。

台灣的屏東，每年候鳥過境，山民張網捕鳥；高雄每遇魚季，漁民大肆撈魚。世界上有萬千的屏東山民，也有萬千的海港漁民，每日殺生不斷，生命真是那麼低賤，那麼沒有價值嗎？

世間上最殘絕人寰的事，就是殺生，所以我們不禁要高呼：「勸君莫打三春鳥，子在巢中望母歸」。茲說殺生六事如下：

一、不斷己命：不斷己命就是指不可自殺。世間最為寶貴的東西就是生命，所謂「寧在世上捱，也不肯土裡埋」，人為什麼要自殺呢？因為受氣、受冤、受苦、受窮，不能忍耐，只有自殺一死了之！但是，自殺能了之嗎？先不說自殺留給家人親友多少的難堪，就是自己，因為自殺的罪業，也要受苦受報。因此，奉勸想要自殺的人們，當你要走此絕路的時候，請再多想一想，難道沒有別條道路可走了嗎？

二、**不殺他命**：古代的帝王，為了一己的權力，總要喪生多少人命。所謂「可憐永定河邊骨，都是深閨夢裡人」，一場戰爭，不僅死傷多少士兵，尤其無辜的黎民百姓，家破人亡，流離失所。戰爭之殘忍，真是令人不忍卒聞。

三、**不隨喜殺**：有人自我解嘲，說自己不殺生，只是「見作隨喜」。「隨喜」也是「意業」的殺生。小兒女用彈弓打下一隻飛鳥，父母在旁鼓掌叫好；媳婦殺雞殺鴨，婆婆讚為賢慧，這不都是隨喜嗎？動物中，許多肉食動物都很凶猛殘忍，人類也是！人類好吃肉食，讚美肉食好吃，這不就是見作隨喜嗎？

四、**不設計殺**：設計陷害，預謀殺人，都是非常的狠心毒辣。人類為了屠殺生靈，想出種種殺生的辦法，我們看市面上的獵具店，殺生的工具之多，只要成交一筆買賣，多少生命都將因此喪生在獵具之下，一夕成為夢幻泡影，何其忍心。

五、不貪圖殺：謀財害命，就是貪圖殺生；好啖美味，就是貪圖殺生。人類為了貪欲，貪名、貪財、貪權、貪色，甚至貪圖美食，不惜犧牲其他生命，滿足一己之貪。常見報載，為了貪圖錢財，綁票、搶劫，甚至撕票斷命，何其殘忍！有人提倡廢除死刑，死刑應該廢止，但是你殺生害命，因果又怎麼償還呢？

六、不懷恨殺：有的人因故「怒從心上起，惡向膽邊生」，一怒之下，什麼義理人情都不顧，甚至倫理道德也不管，為了發洩心中的怨恨，一刀砍去，就算怨恨能消，但是法網罪業難逃。所以，人要有慈悲，要有理智，才能免造罪業，免受果報。

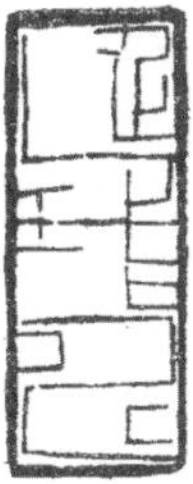

恨

各位讀者，大家吉祥！

世間上有一些人，總覺得自己「生不逢時」，或是「時運不濟」，因此恨天恨地，恨人恨事。恨，表示自己心中不平，恨，表示自己心中不滿。我們可曾研究過自己心中的「恨」有多少嗎？現在只將一般人常有的「恨」，列舉如下：

一、恨運氣不好　二、恨懷才不展
三、恨社會不平　四、恨待遇不公
五、恨娶妻不賢　六、恨遇人不淑
七、恨朋友不義　八、恨兒女不才

九、恨生意不好　　十、恨房產不漲
十一、恨衣履不合　　十二、恨住家不大
十三、恨相貌不端　　十四、恨身材不高
十五、恨身體不健　　十六、恨智慧不夠
十七、恨頭腦不巧　　十八、恨家世不顯
十九、恨財運不濟　　二十、恨神佛不靈

上述二十恨，其實都是沒有道理的。你恨天恨地，他們也沒有對不起你；你恨你恨他，他們也沒有對你不好。你對別人的恨何其之多！其實你有沒有想過，恨別人是錯誤的，恨別人是可怕的，應該恨的是自己：恨自己沒有培養因緣，恨自己努力不夠，恨自己沒有投注精神，恨自己沒

有辛勤播種。

因此，該恨的你沒有恨，不該恨的卻反過來怨天尤人，這樣不是顛倒嗎？所以我們要想轉變自己的時運，應該對外境「轉懷恨為感恩」，覺得他們都對我太好了；對自己則要「轉愛為恨」，所謂「恨鐵不成鋼，恨器不成材」。

你一面怨恨自己，一面還要加油，要精進，要努力，最後化怨恨為喜悅。想想，世界何其大，我們應該到處與人為善，到處廣結善緣；只要自己善事做得多，善緣結得廣，自然到處受人歡迎，自然到處都能皆大歡喜，這樣的人生何其美好！因此，我們何不走出恨的框框，敞開心胸與世界接軌，如此人生，豈不快哉。

是非的處理

各位讀者，大家吉祥！

常聽人說：「是非止於智者」！「是非」真的能「止於智者」嗎？其實，有的「智者」也難免不為「是非」所惑，真正說來，「是非朝朝有」，唯有「不聽自然無」。

在人間，面對「是非」、「利害」，人往往喜歡牽就「是非」，不計「利害」。「是非」沒有「公理」可言，「利害」則有「正直」的意涵，但是人往往為「情」所蒙蔽，因此只聽「是非」，不重「利害」。

所謂「來說是非者，便是是非人」，但是一般人往往好聽別人的是非，於是「來說是非者，便是我的好朋友」，因此搬弄是非，製造是非，此也是非，彼也是非，光是是非就搞得人心浮氣躁，不得安寧。

要怎樣才能處理是非呢？茲有四點意見：

一、**不說是非**：我們每一個人先要知道，是非常常傷害人於無形，是非對人的殺傷力，往往不亞於刀劍，所以當我們不了解事情的真相，就不可以隨便與是非起舞。從小能養成不說是非、不搬弄是非，不製造是非的習慣，則別人少了煩惱，自己也會得到「耳根清淨」與「心靈清淨」的好處。

二、**不聽是非**：有人喜歡「說是非」，是因為有人喜歡「聽是非」，如果是一個有智慧的人，自己憑常識、經驗來判斷、論證，不隨便聽信是非閒言，讓是非「入於耳，化於無形」，如此說是非的人得不到有人聽是非的鼓勵，慢慢就會不傳是非了。

三、不傳是非：俗話說：「好事不出門，壞事傳千里」。「是非」大都是一些有關個人的私德、家族的隱私、別人的不幸、他人的缺陷等，一經傳播，立刻普世皆知。傳播是非者，因為不負責任，大都是「人家說的」、「別人說的」、「他們說的」，這種散播情報不花費的心理，使得是非不得止，因此只有從每個人不說是非、不聽是非，繼而不傳是非，如此是非就真能「止於智者」了。

四、不怕是非：所謂「是非」，並無法律的作用，只是給人生氣，「你說的」、「他說的」，只在言語上辯解，並無法律效果，所以吾人只要行得正，坐得正，是非又能奈我何。

綜上所說，對於是非的處理，別無他法，只有「不說是非」、「不聽是非」、「不傳是非」、「不怕是非」。須知世間上只要有人的地方就有是非，因此懂得處理是非，才是真正有智慧的人。

修行六成就

各位讀者，大家吉祥！

在佛教裡，佛經的卷首都由「如是我聞」開始，這是說明，佛陀說法必須具備六個條件，稱為「六成就」，亦即：「如是」——信成就，「我聞」——聞成就，「一時」——時成就，「佛」——主成就，「在舍衛國」——處成就，「與大比丘眾」——眾成就。因為有此「六成就」，所以講經的法會圓滿後，大眾都會「信受奉行，作禮而去」，這是佛經一個非常科學的記事。

現在我們要想學習佛法，也要從「六成就」開始，略述如下：

一、**信成就**：我們對自己的信仰，每日有向佛像頂禮嗎？有上香供水嗎？有禮拜讚歎嗎？如果都能鍥而不捨的做到，成為每日的定課，則你對宗教的信仰情操，必能日有所增。

二、**聞成就**：你每天有聽聞佛法嗎？有聽大德開示嗎？你有諦聽、善聽嗎？聽聞以後有思惟嗎？現在坊間的有聲書、有聲佛經，到處都有流通，你能參與佛學講座的聽聞固然很好，否則在家聽錄音帶，或是收看電視的弘法節目，也是一種熏習，因為從聞思修，才能進入三摩地。

三、**時成就**：每天規定自己，要有半小時或一小時的時間，閱讀經典、禮佛修身、唱歌讚歎，或是參加集會。你要有這樣的「一時」，不能說「我沒有時間」、「那個時候我不方便」。「一時」對自己的修行非常重要，人生每天一時要吃飯，一時要睡覺，一時要工作，很多的「一時」花在生活上，怎麼可以對精神慧命的洗練，反而沒有「一時」呢？

四、主成就：你在修持中，心中要有對象，要有「主」。「說法主」不一定是佛陀，大善知識開壇說法，他就是說法主；電視機前講道弘法的人，就是說法主；你自己閱讀高僧大德、善知識的言論開示，那都是說法主。除了佛門的人士以外，社會上的一些學者專家，專題講說各種學問、道理，你能用心學習，你懂得一切法都是佛法，每天都能聽聞法要，便能和說法主交流，如此時日一久，怎麼不會心開意解呢？

五、處成就：家庭就是道場，如果乘交通工具上下班，你習慣於以舟車為道場嗎？辦公室的玻璃墊下放一張佛像，辦公桌就是我的道場。我雖然不能天天前往共修的地方，偶爾一到，那也是我的道場。

我坐在沙發椅上聽佛學講座，客廳的沙發就是我的道場。我睡前靜坐五分鐘，臥房裡的床鋪就是我的道場。我參與集會討論佛法，會議場就是我修持的道場。能做到無處不道場，那就是修行的成就。

六、衆成就：你的家人眷屬能做你的同修嗎？你所交往的朋友能和你共修嗎？在家庭中有眷屬護持你的信仰，外出有朋友相助，甚至跑道場參與法會，都有師門道友協助，這不就是眾成就嗎？但是「眾成就」也需要你廣結眾緣，所謂「佛法在眾生身上求」，你能和眾、助眾、悅眾，大眾就是你修行的助緣。

我們每天的生活，離開不了見聞覺知，離開不了人我大眾，假使這一切都能做為成就我的修行，成就我的道行，成就我的信仰，則如六祖惠能大師說：「日用常行饒益，成道非由施錢；菩提只向心覓，何勞向外求玄？」在我們生活的行住坐臥之間，那裡不能修行呢？

眞假

各位讀者，大家吉祥！

世間萬事，似真似假，似假似真，真真假假，假假真真，真叫人撲朔迷離，不知所從，例如：

一、**謠言是非真真假假**：過去有人說：「謠言止於智者」，只是今日社會，謠言充斥，我們的智者在哪裡呢？因為缺乏智慧判斷，所以謠言就成為是非，似是似非，真真假假，教人難以論斷。現在一般民眾，都靠傳播媒體的報導，作為知識的來源。其實媒體報導，電視談的，報紙刊登的，大部分都與事實有出入。現在明知揭人隱私，論人短長不好，但是寫作的人還是自我解嘲，說這是「八卦新聞」。所

謂「八卦新聞」，就已經告訴我們，這是「是假非真」了。

二、夢中情境真真假假：人生如夢，但在夢中的人生，又會作夢。日有所思，可以成夢；往昔舊事，可以入夢；顛倒妄想，也會成夢。「夢裡明明有六趣，覺後空空無大千」，大夢誰先覺？夢裡人生，不容易覺悟。在夢中，人我是非，山水風景，榮華富貴，窮通得失，煞有介事；一旦夢醒以後，是真是假，難為人生論斷。有人以夢為真，有人以夢為假，古代的帝王都相信夢境，夢境真真假假，究竟能信嗎？

三、人情冷暖真真假假：人們經常慨歎：世態炎涼，人情冷暖！滿面的笑容，滿口的讚美，未必真心；一副嚴肅的態度，不很中聽的語言，未必是假。就等於男人，可以裝扮成女生，女人也可以裝扮成男人；女人短髮，男留長髮，是男是女，是女是男，就等於人情冷暖，真假難測。

四、哀樂人生真真假假：人生的際遇，有的人幸福快樂，有的人悲苦哀愁，所以有人說「人生酸甜苦辣」。但是，有的人在窮苦潦倒的時候，不改其樂觀豁達的心境；有的人在富貴榮華的時候，煩惱重重，有時候真叫人迷惑，世間究竟富貴好呢？貧窮好呢？其實，哀樂都是對待的，不是絕對的，悲哀的未必是真的悲哀，快樂的未必是真的快樂。如果人生能化悲哀為力量，在快樂中不要得意忘形，真真假假，假假真真，又能奈何我們呢？

五、顛倒妄想真真假假：《般若心經》開示我們，要「遠離顛

倒夢想」，也就是不為顛倒的是非所迷，不要以真為假、以假為真。佛陀成道時，在覺悟的世界裡，觀察到世間眾生都在顛倒中生活。你跟他說「真如佛性」實有，他認為是假；你和他講吃喝玩樂是人生的苦本，是虛幻不實的，但他執假為真。所以，眾生以真作假，以假作真，如此顛倒妄想，積非成是，佛陀也不禁為之深深慨歎，感到無奈。

六、世間萬象真真假假：世間萬象對人的迷惑，就如一個掉入枯井的旅人，明知枯井裡有毒蛇盤據，但因井上有五隻蜜蜂，滴下五滴蜂蜜，雖然只是一時的甜蜜，但能讓人忘卻身邊的危險。人生受苦的時候，覺得萬念俱灰，一切皆空；但是遇到境界時，又是自我迷惑，顛倒妄想。所以世間萬事，真真假假、假假真真，不到大徹大悟，誰能分清呢！

看佛光山

各位讀者，大家吉祥！

今年是佛光山開山屆滿四十週年，到過佛光山的人都說，佛光山殿宇輝煌，佛像非常莊嚴；也有人說，佛光山的僧侶走路很有威儀，待人親切而且有笑容；或者有人說，佛光山所辦的活動，給人的感受、氣氛都很好，所以很喜歡參加。

以上所述，其實都只看到佛光山的表相，沒有看到佛光山的內在，所以現在針對「如何看佛光山」，提出一些說明：

一、不要只看佛光山的外表，要看內涵：佛光山除了「五殿十堂」以外，有培養僧才的佛教學院，有重編大

藏經的編藏處，有雲水醫院及養老育幼等慈善事業，尤其禪堂、念佛堂等，不深入看不容易真正了解佛光山。

二、不要只看佛光山的建築，要看事業：佛光山的建築，國內外的道場外觀看起來都差不多，但佛光山道場與眾不同的是，佛光山有教育、文化、慈善、共修等各項弘法事業，這些佛教事業才是佛教的慧命所在。

三、不要只看佛光山的錢財，要看人才：佛光山不是一個富有錢財的道場，佛光山不儲財，也沒有餘財；佛光山所有來自十方信眾布施的淨財，都是用來創辦佛教事業，培養弘法人才。多年來佛光山在全世界留學的博、碩士有二百人左右，其他所有入室弟子也都是經過佛教學院的專科教育，大家各就所長，分別在文化、教育、慈善、共修、社教等各個領域服務，這才是佛光跳躍的生命。

四、**不要只看佛光山的活動，要看制度**：佛光山的活動，只是提倡共修，只在增加信徒的聯誼，是一種度眾的方便；重要的是，佛光山是個有制度的道場，舉凡共住的制度、度眾的辦法等，共有一百多條。佛光山以制度保障大眾，所以佛光山號稱「集體創作，制度領導」。

五、**不要只看佛光山的個人，要看團隊**：佛光山的每個人，都受過佛門的專科教育，具有正知正見，正派正行；只是個人難免或有缺陷，但佛光山的大眾，人人都是「以佛心為己心，以師志為己志」，

所以看佛光山，要看團隊，不要只看個人。

六、不要只看佛光山的廣面，要看深度：有人說，佛光山在全世界有多少的寺院道場，在五大洲有多少的信徒會員。廣面看固然是不錯，但更重要的是要看深度：百萬會員信徒，他們都是正信佛弟子；二百多間的寺院，都是正派的道場，其寬廣如虛空，其深度如海洋。

七、不要只看佛光山的現在，要看未來：佛光山的現在已經深耕厚實，佛光山的未來會隨著時間更加往前進步。佛光人有「紹隆佛種，捨我其誰？光大佛教，直下承擔」的發心，所以看佛光山的現在，更要看未來。

八、不要只看佛光山的目前，要看過去：佛光山開山至今四十年，四十年當中，大眾一向是「以無為有，以空為樂，以眾為我，以教為命。」如能看到這些，才算是看到真正的佛光山。

信仰

各位讀者，大家吉祥！

人不可以沒有信仰！談到信仰，一般人總以為指的就是宗教信仰。其實，人生的信仰豈但只有宗教而已，人生應該建立的信仰，種類可多著呢！例如，我們對國家應該有信仰，對國家的主義也要有信仰；我們對聖賢要有信仰，對能成為人間模範的好人好事，都要有信仰。乃至對於造福人類的一些人士，不但要信仰他，而且要心存恭敬。

信仰好人好事之外，尤其對父母要信仰，對自己要信仰。喜歡藝術的，對藝術就有一種信仰的執著；喜歡文學的，對文學就有一種愛好的情感。其他如信仰能救人救世的政治、經濟、農工等，乃至信仰道

德、因果、慈悲、情義等，總之人間不能缺少了信仰。

關於信仰，列舉如下：

一、**對家國要有信仰**：人首先要相信自己的家親國族，因為家庭能安住我，供給我的生活，國家能保護我，讓我有所依靠。無國籍的難民，在世界上流浪，無比痛苦。一個人不建設國家的觀念，體之不存，毛將焉附？所以每一個人不能對家國產生信仰，日子能好過嗎？

二、**對善法要有信仰**：善法是世界人類賴以生存的規章，好的善法，人民就會幸福安樂，壞的惡法，則社會人民深受其害，痛苦不堪。所以，我們要感謝政治家所施行的善法、經濟家所發表的善法、慈善家所從事的

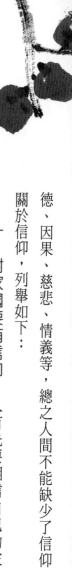

善法。一個國家如果到處都是善法，教育的善法、工商的善法、醫護的善法、交通的善法、道德的善法、人情的善法，善法愈多，社會愈好，你說善法能不信仰嗎？

三、**對人權要有信仰**：現在世界上最可貴的就是自由民主。所謂自由民主，要來何用？就是要來保護人權。根據過去的歷史，被稱為「黑暗時期」的，都是因為沒有人權。過去講究神權，而後君權，再到軍權；不管神權、君權，都是假借神權，魚肉人民，欺壓善良，多少苦難的生命，就在那種黑暗的朝代犧牲了。現在我們對民權的信仰，甚至提倡「生權」，不但人民有權，一切眾生都有生存權、自由權、幸福權，這種慈悲平等的人權，吾人怎能不信仰呢？

四、**對因果要有信仰**：一般人信仰宗教，其實宗教教主你信不信仰他，不是重要，你對因果不能不信仰。善有善果，惡有惡報，你怎麼能不相信這種人我的道德力？如果你不相信因果，人間就沒有善惡的規範，就沒有前後的關係，就沒有律法的制裁，如此還能有人類，還能有世間嗎？在宗教裡，人可以什麼都不信，但不能不相信因果。

五、對自己要有信仰：人要把自己建設成一個什麼樣的人，才能值得自己信仰，也才值得別人信仰呢？你必須是一個道德人，是一個慈悲人，是一個明理人，是一個智慧人，是一個守法的人，是一個大善人。如果你敢說我是以上的任何一種人，你有這種信仰，何患形象不能樹立呢？所以人要信仰家國、信仰善法、信仰人權、信仰因果，尤其要信仰自己。

迷信

各位讀者，大家吉祥！

「迷信」可怕不可怕？迷信不可怕，「邪信」才可怕！

為什麼迷信不可怕？因為善良的迷信，只要不妄執、不偏執，對國家、主義不破壞，有時迷信一些有道德、有歷史、有根據的歷史人物，也無不好！就好像一場戰爭，一個主義，我們不懂，但卻甘願為他犧牲，究竟好不好？姑且不論，但這就是一種迷信的行為。

所謂「迷信」，就是不了解內容，不明白究竟，不知道其歷史，隨便妄信、亂信，謂之迷信。迷信因為不知其所以然，容易被一些有心人的語言蠱惑、利用，例如有的宗教提出「百日生天」、「當生成

佛」、「神鬼附身」之說，引人走入迷途，卻不知道目標究竟是什麼？所以，信仰當然「正信」最好，不能正信，「迷信」也不是嚴重，只要正當；怕就怕「不信」，甚至「邪信」，那就是最可怕了。

我們常見身旁有一些人，本來希望求得信仰的救濟，反而被邪信所害；本來需要求得信仰來解迷，卻反而被迷信所騙。所以迷信雖然不可怕，還是應該加以化導。例如：

一、迷信要淨化：迷信者大部份都是為了貪求，給假造的利益迷惑，希望獲得「一步登天」。然而世上沒有這等便宜事，所以迷信者，我們要以清淨的、利他的、慈悲的道理來引導他。

二、迷信要善化：有些不正當的迷信，極端造反，集眾干政，讓一些愚夫愚婦供其驅使，以遂其個人欲望。對於國家社會毫無利益的迷信，我們要以「五戒十善」、「四無量心」等善行來提昇他。

三、迷信要美化：迷信有些是醜陋的、自私的、見不得人的，所以迷信者，要用真理美化他，要讓他知道信仰的真義，要引導他信仰有歷史有能力、有慈悲的正信宗教，讓人生因信仰而美化。

四、迷信要德化：迷信大部份都是不講究道德，甚至有的用傷天害理的手段，陷人於不義。如戰國時代「西門豹治鄴」，由於地方官吏勾結女巫，假裝為「河伯娶婦」，每年要選出一名少女祭水，以祈天神不要降災於人民，這就是利用迷信來危害人民，所以迷信要用道理感化他，以祛除惡行。

五、迷信要智化：為什麼迷信？就是因為沒有智慧，沒有見識，所以往往被騙！因此要用智慧幫他認識事理，用智慧教化他，否則難以有功。

六、迷信要實化：迷信都是虛妄的，都是不能兌現的謊言，所以要想方法列舉事實、因果，讓他真正了解、認識。因為我們信仰宗教，就是要信實實在在有的，信仰有能力、有道德，能給我們利益的，如果不實在，我們信他何用？

七、迷信要理化：迷信當然也有迷信的理由，但那些理由都是禁不起考驗的，只有真理才是永恆如是、普遍如是、必然如是，才能經得起考驗，所以迷信的人，只有用真理，用佛理來化導他。

八、迷信要轉化：迷信者，想要直接讓他回頭，可能不容易，因為信仰都有一些執著，所以要「轉迷為悟」、「轉邪為正」，轉化很重要。能以智慧來讓人轉化迷信為正信，而不致於墮落，這是救他的慧命，也是功德無量。

耐煩（一）

各位讀者，大家吉祥！

觀察一個人的性格，先要看他有沒有耐力？他耐得住苦嗎？耐得住餓嗎？耐得住忙嗎？耐得住罵嗎？耐得住冤枉嗎？耐得住委屈嗎？「耐得住」之外，尤其「耐煩」是一個人應備有的重要性格！不能耐煩的人，做這件事想著那件事，做那件事又想著其他另外的事，在這個地方想到另外的地方，到了那個地方又覺得不習慣。

不能耐煩是性格上的缺點，對於一個人一生的成就，必會大打折扣，所以人應該養成耐煩的性格。人生有那些事需要耐煩的呢？

一、等人要耐煩：和人約會，有的人常常不

守時，對這種人你還是要耐煩的等候。甚至有時候對方乘飛機，飛機遲到一、二個小時是常有的事，你能不耐煩等候嗎？其實，等人是藝術，被人等候是罪過；學習耐煩等人，也是做人的藝術和修養。

二、交友要耐煩：我們交朋友，不能經常讓朋友聽我們使喚，我們也要為朋友付出一些服務，尤其朋友必定也有他的性格。如果我沒有耐煩的習慣，在朋友面前，一直顯得煩躁、不滿，怎麼能交到好朋友呢？

三、聽話要耐煩：聽老師上課，不管你有沒有興趣，為了分數，不得不耐煩。聽名人講演，

有時候也有一些冷門的講題，不一定都能聽得很有興致，但為了禮貌，也要有始有終的聽下去。尤其聽老人的嘮叨，朋友的善意勸誡，家人的叮嚀，都要耐煩；你不耐煩聽，怎麼能獲得別人的諒解呢？

四、**處眾要耐煩**：在大眾中，團體行動經常要排班，你等我，我等你，必須要耐煩；你體諒我，我體諒你，也要耐煩。所以，在大眾團體裡生活，快慢要有序，尤其要有合群的性格，這個人的個性很急躁，那個人的性情很緩慢，我都必須耐煩。你不耐煩，就不能處眾；不能處眾，如何立身社會呢

五、**學習要耐煩**：人非生而知之，一切都要學而後才能知之。學徒學習一項手藝，需要幾年的時間，不耐煩，怎麼學得會？學習語言，不管英語、日文等，幾年的時間可能都學不好，我怎能不耐煩

呢？世間上的學問之多、之複雜，都要靠我們的耐煩一一去研究。深入研究才能成其淵博的知識，所以都要靠耐煩的性格才能有所成。

六、成熟要耐煩：田裡的稻麥，不成熟不能收割，你要耐煩的等它成熟。桃李水果，要等它成熟，才能採摘；不成熟，生澀難吃，採收了又有什麼用呢？一個人要成熟，道德修養、知識見解、禮貌習慣、進退威儀，都要耐煩的養成。世間上的人，有的人少年老成，表示他成熟；有的七、八十歲的老人，火爆性格，沒有做人的修養，都是因為不能耐煩的關係。

關於耐煩，還需要有多種的修養，我們留待下文再繼續談。

耐煩(二)

各位讀者，大家吉祥！

上文說到，「耐煩」關乎一個人一生的成就，其重要性不容漠視。但是耐煩並不完全是靠學習得來的，而是需要時間的磨練，尤其需要自我的克制，需要在現實生活中養成。

平時生活裡，需要耐煩以對的事，再舉六點如下：

一、**生病要耐煩**：汽車壞了，要修好才能上路；身體病了，要養好才能做事。有的人生病不耐煩，急於出院重回工作崗位，這樣不但對工作沒有助益，反而加重病情。孫運璿先生的名言：你病了，帶給家人多少的麻煩！所以一個人不要任性，不要隨意，要耐煩的照顧好身體，自己的健康，才是家人的幸福。

二、**守信要耐煩**：做人，要守時、守信、守節、守道，尤其信用是立身處世之本。人無信不立，從中國的造字來看，「信」之一字，就是「人」和「言」，人言要可「信」，才會受人尊敬。為了要守信，做皇帝都要「君無戲言」，做君子也有所謂「一言既出，駟馬難追」。就是工商界，也都是「童叟無欺」、「信用第一」。信用就是自己的名譽，沒有信用的人，名譽掃地，沒有人願意和他往來，所以對信用必須要耐煩遵守。

三、**工作要耐煩**：世間上沒有白吃的午餐，凡一切所有，都要靠我們工作所得而來。工作的訣竅，就是勤勞、耐煩。工作不勤勞，主管不歡喜；工作不耐煩，不能把事情做好。無論什麼工作，粗重細活、輕易艱難，都應該要耐煩的完成。這就必須養成對工作的責任感，以及對工作耐煩的性格，否則投機取巧，終非長久之道。

四、**家事要耐煩**：再偉大的人，對家事不能不關注。美國歷任總統，尤其是第三十四任的艾森豪總統，每天只要一回家，即刻走進廚房，幫忙太太煮飯炒菜。家是全體家人共有的，所以家事應該共同負擔，舉凡打掃整潔、洗滌碗筷、整修環境，都應該有自己的一份。家人共同負擔家務，家庭才能和樂。

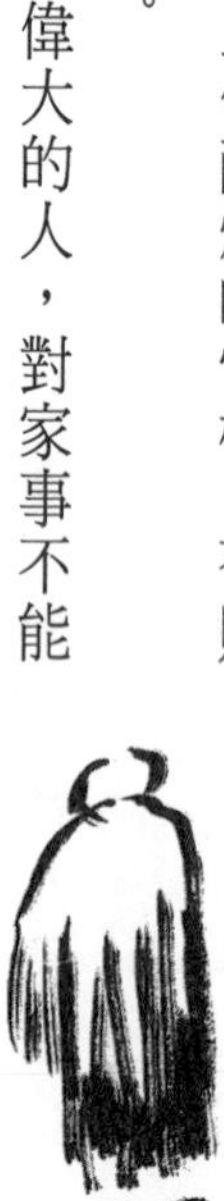

五、**孝親要耐煩**：為人子女，不能不孝順父母；孝親最重要的，就是要有耐煩的性格。因為年老的父母，甚至祖父母，必定動作緩慢，說話嘮叨，甚至思想觀念落伍，假如你不耐煩，勢必讓長輩不歡喜。所以，孝順之道，不只是甘旨奉養，尊敬、體貼，尤其耐煩最為重要。

六、人情要耐煩：世間的人情，所謂「禮多人不怪」；你要做到「禮多人不怪」，必須要耐煩。要寫一封信問候長輩，不得不耐煩寫信；必須去探望的親友，不能因為塞車不耐煩就不去探望。人情往來要送禮，不能因為想不出應該送什麼東西，就不耐煩去送禮；人際之間要應酬，如果你因為不善講話，就不耐煩去應酬，這都是做人有虧，不能不慎。

軍人作戰，不到緊要關頭，不濫發一槍；會議高手，不到要緊時刻，不亂發一言。主婦煮飯，飯未煮熟，鍋蓋不可妄自一開；母雞孵蛋，小雞尚未孵成，不可妄自一啄。所以，在事務裡面要耐煩，在人情裡面要耐煩，在時空裡面要耐煩，耐煩是人生成就事業的增上緣。所謂「耐煩做事好商量」，耐煩做人，才能把人做好。

眞相

各位讀者，大家吉祥！

世間上，一般人容易被假相迷惑，假相的背後必然有一個真相，只是真相常常被假相所混淆，不容易追查。現在的媒體，最為人所垢病的，就是經常不依真相報導；歷史被人懷疑的，往往也是與真相距離遙遠。很多人為了追查真相，自己也被假相所騙，陷身在假相之中，找不出真相，例如：

一、**冤獄誤判，難查真相**：古今中外的歷史，冤獄很多。有的冤獄是真假掉包，有的冤獄是「莫須有」，有的冤獄是權力指示，有的冤獄是故設陷阱。冤獄一經審判定讞，要想翻案，比登天還難。現在民主時代，雖然法律有初審、二審、三審，甚至可以上訴高等法院、最高法院，乃至非常上訴等，但是一般官場，官官相護，息事寧人，翻案必然引起軒然大波，大家在「多一事不如少一事」的心態下，冤案堆積如山，也就不足為奇了。

二、湮沒歷史，難查真相：掌握權力的人，凡是對自己不利的事情，都會想出種種辦法來湮滅證據，後來的人要再追查真相，事實很難，所以有人慨歎「盡信歷史，不如沒有歷史」。近代有人為《三國演義》翻案，說張飛是美男子，關雲長是好色之徒，只是這種翻案

又能對歷史做公正的交待嗎？

三、牽涉廣泛，難查真相：一件事情，如果發生的時間遙隔很久，牽涉的人事很多，利害關係又非常對立，此中的真相，就很難查證清楚了。

四、事過境遷，難查真相：時空、人事都已經成為過眼雲煙的案件，要把當時的真相再如實呈現，事實很難，除非包青天再世。事實上，戲劇裡的「狸貓換太子」，也是因為宸妃、八賢王等關鍵人士尚在，所以如此天大的案件，才能在包青天審理下，給予翻案，終於真相大白。但這畢竟只是千百件冤案中，難得的一二件而已。

五、死無對證，難查真相：法院判案，講究的是直接證據，如果死者已逝，苦主也無人聞問，再大的冤案也只有草草結案。因為當事人已逝，死無對證，除非能找到許多有力的旁物佐證，才能讓真相大白於世。

六、權利介入，難查真相：一件事情，發生在單純的小老百姓身上，很容易被人看清事實真相；如果當事者是有權有勢的人，一旦權利介入，真相就很難有查明的一天了。現在的社會，很多亂象發生，都是源於權貴犯法，完全不受法律仲裁。因此，比起過去的專制時代，還有「王子犯法，與庶民同罪」之說，今日雖然名曰民主時代，權力還是至高無上。一個國家，如果法律不能公正、超然，不能凌駕權威之上，這樣的國家是不可愛的。

世間總觀起來其實都是假相，但假相裡依世俗的慣例、常識、法制，還是有真真假假、假假真真的關係。自古以來，多少人以假為真，多少人以真為假，可憐的人間因此需要有智慧之光，才能從假相裡尋得一些蛛絲馬跡。

修行

各位讀者，大家吉祥！

一般人信仰宗教，信仰層次不高的話，都想向所信仰的對象祈求富貴平安；稍有程度的宗教徒，則希望要修行。確實，修行才能淨化自己，修行才能改變自己，修行才能莊嚴自己，修行才能完成自己。但是，怎樣修行呢？禮拜、祈禱、讀經、唱詩，就能算是修行嗎？其實真正的修行，有另外的層面：

一、感動的好事存在心裡：一個修行的人，對於世間很多好人好事，要常常心生感動；自己平時的言行舉止，也要有許多讓人感動的表現。世間上，你讓我感動，我讓你感動，每一個人都把一些感動的好事存在心裡；存在心裡的感動，影響才會久遠。我們看，世間上有一些人，在偏遠的山區行醫，一做就是數十年；有的人在養老院布施愛心，行善不落人後。老頭陀在深山古剎，每天為世界祝願；佛教的信者，重在無相布施，因為他們不好名、不好利，他們把感動存在心裡，以此做為修行。

二、讚歎的語言說在口中：宗教徒有沒有修行，先從他的語言開始做起；口無遮攔的批評這個、毀謗那個，必定不是一個修行人。真正修行的人，語言裡都充滿了讚美的聲音：「偉大的聖者」、「善良的好人」；他讚美別人的善心，感恩大家的善行，對別人喜捨的美事，經常表示讚歎，表示羨慕。所謂「口中好語出妙香」，他的人格自然因此而芬芳飄揚。

三、真誠的笑容現在臉上：有沒有修行，有時候從臉上的表情也可以看得出來。一個每天哭喪著臉，一點笑容都不肯布施的人，你能說他有修行嗎？所以真正有修行的人，沒有錢布施，沒有錢做善事，不重要；你口中的好話，臉上的笑容，給人的歡喜，讓人家歡喜，其實就是修行。

四、清淨的戒行表在舉止：戒行並不是說，煮過葷腥的鍋碗不可以用來煮食三餐，也不是某年某月某日一定要去放生；真正清淨的律儀，是表現在行為舉止上。佛經說：「三千威儀，八萬細行」，只要吾人目不邪視，耳不亂聽，走路端莊，舉止安詳，心裡清淨，行為正當，那就是很好的修行了。

五、信仰的真誠重在奉獻：要做一個宗教信徒，學習的不是貪求；一個真正的修行者，先要學習吃虧，學習奉獻，

因為給人等於播種，有播種才有所得。春夏不播種，秋冬那裡有收成呢？所以真誠的信仰，要先明白「給人就是給自己」，就如我發起「百萬人興學」，希望把大學留在人間，把功德留給自己，這就是一種信仰的學習。

六、慈悲的行為用在平時：一個有信仰的修行人，不能沒有慈悲。說話要慈悲，做事要慈悲，待人要慈悲，舉心動念都有慈悲；一個有修行的人，什麼東西都可以沒有，但不能沒有慈悲。慈悲要用在平時，並不是某一個地方地震海嘯，我們捐款，趕上熱鬧的慈悲；也不是做一些捐獻，圖個善名。真正的慈悲，只在每日二六時中，行為不侵犯他人，語言不傷害他人，心裡不詛咒他人，甚至行住住臥都不傷害蟲蟻，一言一行都不失去慈悲，那才是真正的修行人。

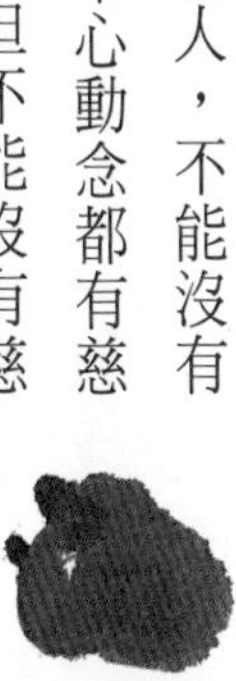

消災免難

各位讀者，大家吉祥！

世間上，災難隨時隨處都可能發生，例如地震、颱風、火山爆發、洪水泛濫，乃至刀兵賊難、惡人陷害、歹徒襲擊、交通事故等。所謂「天災人禍」，人隨時都處在危險之中，所以總要祈求「消災免難」。如何才能消災免難呢？略述辦法如下：

一、要存好心善念：凡一切事情，都有因緣果報；就是災難，也有一定的前因後果。假如你能時時存著好心善念，不與人為敵，不跟人為難，你的災難自然會減少。

二、多做慈悲善事：人在有意無意間，難免有一些錯誤的行為，犯下一些罪業。但是由於你不斷行善做好事，功勞多了，也會將功折罪，還是可以借助自己的功德，而能消災免難。

三、經常反省認錯：有的人「死不認錯」，這是最大的缺點。認錯可以消災，例如小兒小女做了錯事，父母要處罰他，他趕快說：「爸爸，媽媽，我下次不敢了。」本來要打兒女的一雙手，立刻也會停下來。所謂「人非聖賢，孰能無過；知過能改，善莫大焉。」認錯是美德，認錯是消災免難最好的法門，即使現在國家的法庭上，對一個認錯的罪犯，也會量刑從寬，同樣能得到認錯的好處。

四、不斷懺悔滅罪：做了錯事犯了罪，成為災難；要想消災免難，最好的辦法，就是懺悔。

這就如同一杯水，你錯把整包鹽巴放進水中，鹹得無法飲用；只要你把這杯鹽水倒進大水缸裡，然後再加滿一大缸的清水，鹹味就會沖淡，就能飲用了。我們犯了錯，就如水中加了鹽巴，只要我們用懺悔的願力，就能沖淡罪業。懺悔的法門無限廣大，我們可以對諸佛菩薩懺悔，可以對聖人君子懺悔，可以對父母長輩懺悔，可以對朋友兒女懺悔；懺悔的法水必然可以洗淨我們的罪業，應該好好的多加利用。

五、時時許願改過：我們所以有災難，都是由於自己身口意造下了罪業，所欠下的債務，一旦因緣成熟，就必須還債。假如我們不時的許願，對自我提出改過遷善的舉動，以善願善行來懺除罪業，到了災難降臨時，那許多善行美事的功德，自然能幫助你解除災難。

在佛教裡有一則故事。有一個小沙彌，只剩下七天的壽命。有神通的師父知道後，心生不忍，就叫小沙彌回家探親，想讓他在餘生不多的日子裡，能夠再與父母團聚。小沙彌高高興興回家，七天後又歡歡喜喜的回寺院。師父一見，驚訝不已，就問小沙彌：「回家期間是否做過什麼好事？」小沙彌答說：「沒有呀！」師父要他仔細再想一想。這時小沙彌突然想起來，在回家途中，見到一個小池塘，有一窩螞蟻正在載浮載沉，小沙彌一念悲心起，就摘下一片樹葉，放進池塘裡，於是救了一窩的螞蟻。大概就是因為這一念悲心救蟻的功德，後來這位小沙彌活到九十多歲。所以，許願改過，積功累德，則三災八難都能免除。

所謂「三災八難」，三災有「大三災」，指水、火、風之災，以及「小三災」，即饑饉、疾疫、刀兵之災。八難就是王難、賊難、火難、水難、病難、人難、非人難、毒蟲難等。總之，我們想要消災免難，只靠外力，力量有限；靠自己，力量才是無窮。

卷四

解行並重

真正有用的知識是實務，
因此不管修學任何事物，應以融通為要務，
以方法、技巧為輔助，以勤熟為功效，
以用心、下手為實際，
也就是要解行並重，如此才不會流於空談。

朝山拜佛

各位讀者，大家吉祥！

自古以來，「朝山拜佛」一直是維護信徒虔誠信仰的一種活動，也是一種修行，如中國的四大名山，每年都有信徒前去朝山，有的朝普陀山的觀世音菩薩，有的朝五台山的文殊菩薩，有的朝峨嵋山的普賢菩薩，有的朝九華山的地藏菩薩。

堪稱是中國四大名山之縮影的佛光山，經常也有許多信徒上山朝山拜佛，有的三步一拜，有的一步三拜，有的一

步一拜。在佛光山，有五大殿堂，除了大雄寶殿以外，另有女眾學部的大悲殿，供奉觀世音菩薩；有男眾學部的大智殿，供奉文殊菩薩；有位於養老育幼區域的大行殿，供奉普賢菩薩；有建於東山萬壽園上方的大願殿，供奉地藏菩薩。佛光山是大乘佛教的指標，到佛光山朝山拜佛，就等於朝禮了四大名山。

多年來在佛光山的朝山團裡，流傳了許多朝山的靈感故事，述說著信仰世界裡的經驗，只是這些都不足為沒有經驗的人道。不過朝山確實能與佛接心，朝山者每一拜拜下去，雖然頭是磕在地上，心卻是向上昇華而與佛心接觸，自然會有感應道交，所以有的人見到各種瑞相，有的人拜到身體輕安，有的人則把朝山拜佛當成正當的運動，雖然拜得汗流浹背，卻是滿心歡喜。

以下試說「朝山拜佛」的意義：

一、由山下拜到山上：到佛光山朝山，通常是由不二門開始，三步一拜，大概一小時可以拜到大雄寶殿。因為是由山下往山上拜，不斷的升高，不斷的昇華，拜到最後，身心都會有超越的感覺。

二、由外面拜到裡面：朝山活動一般都是在室外舉行，參加朝山的人先在外面廣場集合，然後集體往大雄寶殿朝拜。拜到大雄寶殿裡面後，還要繼續「拜願」，然後「靜坐」，並且聆聽「佛法開示」，所以是「行解並重」，能令朝山者因而獲得「心開意解」。

三、由黑暗拜到光明：朝山活動大都利用清晨或晚間舉行，因為白天山上人來人往，行走不便，所以利用早課的時間，天還未亮就開始，拜到大雄寶殿時天已亮。或者利用晚間七點拜到八點，從黑暗的外面拜到光明的大雄寶殿佛前，自然會感到輕安愉快。

四、由凡心拜到佛心：吾人凡夫，心中的煩惱雜念如潮水洶湧澎湃，如果能有那麼一個時候，參加朝山拜佛，不但拜出身體健康，心靈也會跟著清淨，感覺無比的自在解脫。所以，當一拜一拜的拜到佛前，感到自己與佛心融會結合在一起的時候，雖然沒有成佛悟道，但自己的宗教體驗突然增加，就會喜不自勝。

從上述四點看來，朝山拜佛不但是身體活動，也是一種心靈的淨化運動，所以佛弟子如能每年都有幾次的朝山拜佛，自然能增加宗教的體驗。

煩惱的原因

各位讀者，大家吉祥！

佛經講「煩惱即菩提」，又說「不怕念頭起，只怕覺照遲」；有了煩惱，才會懂得尋求解脫之道，才會增長智慧，所以不要害怕煩惱起，重要的是要找出煩惱生起的原因，例如：

一、**煩惱起於執著**：人生的順逆境很多，一般人遇到困境，例如失業、失戀、失意時固然令人沮喪、煩惱；處在順境時，如果執著、害怕失去，也會被順境所困。這就如同鐵鍊子能鎖住人，金鍊子一樣會束縛人的道理是一樣的，所以人生不管遇順逆之境，要懂得轉境，不可執著。修行最大的功夫，就在於一個「轉」字，要「轉法華」而不要「被法華轉」，也就是不要執著；能夠不怕煩惱，不執著煩惱，自可安然自在。

二、煩惱緣於無明：

無明就是不明理，我們與生俱來的無明，就是貪瞋癡慢疑；有了無明，就有貪欲、瞋恚、驕傲、疑惑等煩惱，所以煩惱起於貪瞋癡慢疑等無明。有句話說：「寧與聰明人打架，不與無明人講

話。」一個人若到了不講理時，好話、善言、佛法就一點也派不上用場，因此就會有煩惱；反之，一個人如能通情達理、明白因果道理，就能消除煩惱。

三、煩惱由於看不開：世間上有很多煩惱都是自找的，所謂「杞人憂天」，乃至擔心「世界末日」等。但其實有時候煩惱了半天，卻什麼事也沒發生。也有的人因為一件小事就看不開，於是鑽牛角尖，自然「煩惱綿綿無絕期」。因此，凡事多往正面看，能夠看得開、看得透，能對一切吉凶抱著超然灑脫的態度，就不會自尋煩惱。

四、煩惱出於太自私：人之所以會有煩惱痛苦，皆因有「我」；

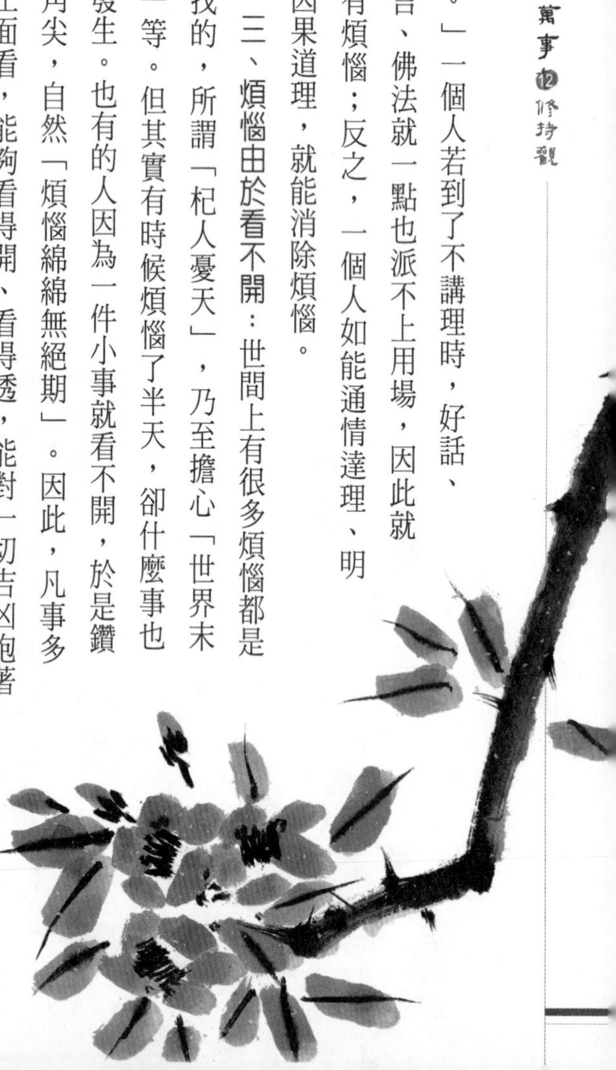

「我」是煩惱的根源，「我愛」、「我要」、「我歡喜」，凡事只想到「我」的需要，就容易與人對立、衝突，因此我多則苦多，我少則苦少。所以，一個人起心動念如果能多想想如何有利於人，就會活得輕鬆踏實。

其實，人間的是非煩惱很多，追根究底大都是因為眼耳鼻舌身心「六根」不當的向外追逐「六塵」招來的。例如，不當看的亂看，因此「睚眥必報」，惹來殺身之禍；不該聽的亂聽，因此聽出許多的紛爭煩惱；不應吃的亂吃，於是「病從口入」……儒家主張「非禮勿視、非禮勿聽、非禮勿言」，這也是佛教所謂的「都攝六根」；一個人如果能用佛法管理好自己的六根，這就是最大的修行。一個有修行的人，自然懂得處理煩惱、化解煩惱，所以「欲除煩惱病，當取佛經讀」。

彌勒淨土的好處

各位讀者，大家吉祥！

信仰佛教的人都知道，我們所住的世間叫「娑婆世界」，是一個「五濁惡世」的「穢土」，所以人人都希望未來能往生一個幸福安樂的「淨土」，做為最後的歸屬。

佛教的淨土很多，有彌陀淨土、彌勒淨土、維摩淨土、琉璃淨土、華嚴淨土、常寂光淨土、自性淨土等，我們要往生什麼淨土呢？

往生彌勒淨土最好，因為彌勒淨土有以下幾點好處：

一、不需要斷煩惱：一般往生彌陀淨土，必須一心不亂，煩惱妄想斷盡，才能上品上生；往生彌勒淨土，不須要斷煩惱就可往生。

二、不一定要出家：往生彌陀淨土雖然也不一定要出家，但出家才能「上品上生」，甚至即使出家，還必須具備「信、願、行」三大資糧，並修三福行：一、孝養父母，奉事師長，慈心不殺，修十善業；二、受持三皈，具足眾戒，不犯威儀；三、發菩提心，深信因果，讀誦大乘，如此才得以「上品往生」。彌勒淨土則不同，只要發願往生，出家在家都一樣。

三、不一定要「一心不亂」：往生大乘不共法的彌陀淨土，必須達到「一心不亂」，這不是一般人容易到達的修行境界；但是彌勒淨土即使不能「一心不亂」，只要至誠稱念彌勒佛號，就能往生彌勒淨土。

四、距離娑婆世界最近：平常一講到彌陀淨土，就是「十萬億國土」之遙，而彌勒淨土則在三界內，所謂「兜率內院」，就是彌勒淨土，所以距離娑婆世界最近。

五、比人間好一些：彌勒淨土雖然沒有西方極樂世界之「諸上善人聚會一處、水鳥說法」等殊勝，但彌勒淨土總比人間好多了。

六、可望可即，容易成功：彌勒淨土和我們既靠近又容易到達，所以是「可望可即」，有心想往生，必定能成功。

談到淨土法門，自從廬山慧遠大師結社念佛以來，歷經北魏曇鸞、唐朝善導、道綽、慈愍等大師的推弘，隨著時代的遷移，愈為後代人所喜愛。歷代修「彌陀法門」有成者，如慧遠「三睹聖相」、善導「口出光明」、法照「感見文殊、普賢二大菩薩」、少康「每念一聲佛，口隨出一佛」等，乃至永明、蓮池、蕅益、印光等大師，甚至白居易、袁了凡等人，都對「彌陀法門」信奉不疑。另外，太虛大師、大醒法師、慈航法師等人，他們都信奉彌勒菩薩，每日早晚勤修彌勒法門，提倡「彌勒淨土」。

中國佛教除了過去的「四大名山」之外，其實浙江雪竇寺彌勒菩薩的道場，應該可以列為佛教「五大名山」。現任雪竇寺的年輕住持怡藏法師，正準備建世界最高的彌勒大佛，近日即將開工，若對彌勒菩薩有信仰的人，不妨給予贊助，以便將來有緣往生兜率內院的彌勒淨土。

解行並重

各位讀者，大家吉祥！

每個人打從出生開始，就處在不斷的學習當中，舉凡生活所需的各種技能與知識，甚至包括天文、地理、歷史、法律、經濟、藝術、建築……等各領域的學科，都要把握有限的生命多方學習，學到的知識、技能愈多，人生就能活得愈充實，生命也才能發揮愈大的能量。

在學習上，由於每個人的態度不同，因此也有層次上的差別：

一、不肯學習，遊手好閒，終於頹廢終生。

二、認真記憶，不肯思索，可能冬烘一輩子。

三、滿口說理，沒有行動，注定一事無成。

四、真才實學，做中體驗，愈做愈有成就。

五、解行並重，智慧通達，生命從中昇華。

學習不只為了求得知識，更要開啟智慧；讀書不應只在求得學問，更要身體力行，也就是佛教所謂的「解行並重」。在《百喻經》裡記載：

有一個人熟讀各種航海技術的書籍，對於航海理論說得頭頭是道，因此商人們都認為他必定是個航海專家。有一天，他和許多商人一起出航尋寶，航行途中船長突然得了急病死去，商人們於是公推他擔任船長。從未有實際航海經驗的他，

自以為已經完全懂得航海技術，於是毫不遲疑地接手領航。可是沒多久，船遇到大漩渦，他口裡一直喃喃的背誦著掌舵的方法，然而船卻不聽使喚的隨著漩渦打轉，最後整船人都一起翻覆沉沒。

譬喻裡善於背誦的航海者，正如戰國時代的趙括「紙上談兵」一樣，都只有理論上的知識，卻又自以為真知，到了真正要用時，一點力量也使不出來，輕則害己，重則危害他人。

反觀春秋時代的軍事家孫武，他以兵法謁見吳王闔閭，吳王在看過他的《孫子兵法》後，問他：「可以用女子操練嗎？」孫武說：「可以。」吳王就派了一群宮女給他。

孫武以吳王的兩個寵妃為隊長，並施以嚴峻的軍法管理，起初眾宮女大笑不止，孫武說：「號令不明為將之罪，明而不從是領兵官吏之罪。」由於孫武三申五令，宮女仍然輕忽嘻笑，不聽號令，因此儘管吳王求情，孫武仍依軍紀將兩位寵妃處死，此後宮女認真操練，隊伍整齊。又經過一段時間後，孫武報告吳王說：「兵已練就，王欲用之，雖赴水火猶可。」吳王因為起用孫武，國勢因此日漸強盛。

俗語說：「真金不怕火煉。」真正有用的知識是實務，因此不管修學任何事物，應以融通為要務，以方法、技巧為輔助，以勤熟為功效，以用心、下手為實際，也就是要解行並重，如此才不會流於空談。

新四攝法

各位讀者，大家吉祥！

在佛教裡，對於人際間的相處之道，甚至如何弘法度眾，特別提出一個「四攝法」，也就是四種攝受眾生的方法，分別是：布施、愛語、利行、同事。這四法誠然是促進人際間友好關係，增加人間美好善緣的好方法，現在試再針對於此，提出另外四種「新四攝法」如下：

一、威儀莊重：吾人想要影響別人，自己的身教行儀必須要能做人的模範。例如佛陀的大弟子舍利弗、目犍連，在未親近佛陀之前，都是一方的領導。一日，二人因見阿說示比丘威容端正，行步穩重，深被其殊勝的威儀所感動；之後再經阿說示轉述佛陀開示的因緣生滅道理，因此皈依佛門。所謂「身教重於言教」，佛門所以重視「三千威儀，八萬細行」，其目的主要就是要吾人先求自己健全，如此則何患不能受人尊重？

二、語言巧妙：人與人之間，要靠語言溝通往來。講話是一門藝術，也是一種修養，有的人講話，總是話中帶刺，或是言不由衷，缺少真誠，無法讓人感動。說話的巧妙，即使讚美別人，也要得體；如果是開示、教訓，也要讓人能堪受。總之，說話要讓人感受到你的真心善意，別人才願接受，所以《金剛經》說，佛陀是真語者、實語者、如語者、不異語者。真正巧妙的語言，要讓人一言之下茅塞頓開，讓

人一聽就能心領神會，讓人聽後心開意解，讓人聽了歡喜奉行，讓人一聽如獲知音。你有善巧的語言，聽者自然如沐春風，樂於親近。

三、**助其增上**：人都希望從別人那裡獲得幫助、利益，所以要攝受他人歸心，首要之務，必須能夠幫助他成長、進步，也就是給他一些助緣，讓他不斷增上。例如讓他知識增上、技術增上、人事增上、物質增上，讓他對自己的前途充滿信心、希望，他必能死心蹋地追隨。中國有句俗語說：「欲意取之，先要予之」，你要用他，先要給他用，先要幫助他，「給人」才會有人。現代各個國家，每年都投資很多經費在栽培人才上，你對人才的培育不吝投資，國家才有人才。假如我們要攝受人才，助他增上，這是不二法門。

四、**同行共事**：社會上，有些人所以成為同黨、同派、同道，必然是因為理念上有其共同的地方，舉凡對國家社會有共同的理想、抱負，對信仰知見有共同的認知、共識等。我們想要攝受他人，成為朋友、幹部、同志，也必須攝受一些在思想、行為上和我們相近的人。所謂「不是一家人，不進一家門」，如果在興趣、作為上相近者，加以攝受，必能成為好的朋友，好的同事，好的幹部。

以上四點「新四攝法」，就是說明，人與人之間要靠緣分，才能結合，要靠感動，才能令其嚮往，要能給他利益，他才肯得相隨。現在人高喊「團結」，團結不是只要求他人來跟我團結，而是自己要想如何與人團結。無論朋友，甚至夫妻，不一定要求對方與自己完全一樣；攝受他人要尊重他，給他空間，容許許多不同的存在。只要大方向、大目標不錯，其他方便行事，也就不必太計較了。

義工六事

各位讀者，大家吉祥！

現在是個多元化的時代，雖然政治上有不少人大打口水戰，甚至貪贓枉法，違法亂紀，但社會上仍有許多可敬的義工，遍布在社會的各個角落，默默奉獻，點亮了社會的光明與希望。

台灣出產「義工」，他們不管政治上的是是非非，也不管什麼人貪贓枉法，只管在各地行善，造福社會。如《孟子・梁惠王章句上》記載：孟子見梁惠王，王向孟子問道：「叟，不遠千里而來，亦將有以利吾國乎？」意思是說，先生有什麼可以利益吾國的嗎？孟子回答：「王何必曰利？亦有仁義而已矣。」

今日台灣的義工，可以說是他們在維繫社會的綱常，是他們在增加社會的善美，是他們在點亮人間的燈光，是他們在開拓人間的善路。台灣佛教對社會貢獻之大，從佛法影響人發心當義工，可見一斑。

對於「義工」，除了表示敬佩之外，也有六點意見提供：

一、選擇有益工作：當義工，不以「我歡喜」或「不歡喜」為考量，凡是有益於人群，有利社會大眾的工作，諸如養老育幼、殘障孤苦的地方，乃至呻吟病床的病患，或是各地的清掃作業、導護學童過馬路的愛心服務，甚至佛法助人的活動等，都應該從事、奉獻。

二、主動熱誠參與：義工要主動參與，如《維摩經》所說，要做眾生的「不請之友」。但是不便時也不能勉強，不能放棄正業不做，「義工」終究只是自己的一個助道之行而已。一星期當中，可以在週末，或早晚，或者一週幾小時，心甘情願而不自苦、不自惱的參與，千萬不能勉強。

三、勤勞微笑好話：做義工的人，先要健全自己的個性，不能做一點善事就頤指氣使，或遇到一點挫折就灰心氣餒，應該改變自己柔弱的性格，以慈悲發心，更加勤勞，並以微笑、說好話來布施給人。

四、同事利行助他：做義工先要懂得佛教的「四攝法」，所謂「同事」，就是設身處地為人設想，所謂「利行」，就是做有利於人的事，所謂「愛語」，就是說一些給人信心、給人歡喜的話，所謂「布施」，當義工不一定用金錢助人，有時微笑、愛語比布施金錢、物質更為重要。

五、要以服務為樂：做義工，如果覺得辛苦、無聊、不甘願，

就不能當一個好義工，一個好的義工，必須「以服務為快樂之本」。一般人說「犧牲享受」，義工要有「享受犧牲」的理念，才能做好義工。

六、做義工的義工：做義工，不必要人侍候，反而應該幫助初學的人，做他們的義工。例如，新加入的義工還不熟悉工作狀況，可以為他解說，告訴他方法，或是他要掃地，幫他找掃把，他要倒茶，幫他找茶杯等。能做義工的義工，就是義工中的義工。

世間最偉大的義工就是釋迦牟尼佛，佛陀住世說法四十九年，行化五印度，他是真理的弘揚者，以真理為人服務，樹立了義工的榜樣。今日義工，應該發願效法，以心和力作不請之友，服務社會，奉獻人群。也希望所有義工都能從服務奉獻中自我成長，繼而影響家人、親友、社會，從佛法中獲得昇華。

禪者的生活

各位讀者，大家吉祥！

現代人流行每日要「坐禪」十分鐘，主要是為了安定身心。其實，一個人每天如果能有一分鐘的安定，所謂「老僧一炷香，能消萬劫糧」，能夠坐得安心，一分鐘也就夠了，如果坐得不安心，坐不出定來，十分鐘也沒有用。

一個真正的禪者，每天二六時中，無不是生活在禪定之內。禪者的生活，一樣吃飯、穿衣，一樣早晚作息。他不與人計較，不與人相爭，只是默默的，靜靜的跟隨大眾一起。看起來，禪者的生活與一般人無異，但事實上，他的心在禪定之中，他的生活內涵比起一般人

來，就不能同日而語了。

什麼是禪者的生活呢？

一、隨緣生活：禪者的生活，沒有太大的要求，沒有太多想要獲得什麼的欲望，所謂「任他天下叢林好，我住一方樂逍遙」。他或者在山林水邊，或者茅屋數椽，或者做百千大眾之一。你有飯給他吃，有水給他喝，他不計較太多，也不計較太少。看起來，他像是什麼都不介意的樣子，因為他一切具備，什麼也不少。一個禪者的內心生活，以禪為喜，以定為樂，他在生活裡隨緣放曠，任性逍遙。禪者的生活，一樣有衣食住行，但隨緣生活不是一般人容易達到的境界。

二、隨眾作務：禪者不是每天打坐，也不是游手好閒，真正的禪者非常認真、負責、用功。他搬材運水，在工作中參禪；他燒火煮飯，在事務中參禪；他出坡勞動，以融入大眾來參禪；他清潔打掃，更可以一心參禪。禪者不把作務看成是工作，種田是農禪，做工有工禪，開山種水果，蒔花植樹，在禪者而言，這就是與大自然融和，此中就是在參禪。因為，一個真正的禪者，心在一切眾，心遍一切時，隨時隨地，都能進入禪定。

三、隨喜度眾：一個禪者，生活裡充滿了歡喜。聽聞佛法有聞法之喜，聽人開示有尊敬之喜。你修持，他為修持歡喜，你弘法，他為弘法歡喜。他可以走到大路上，腳踩著大地，頭頂著青天，為度化人間而忙碌、而歡喜；他可以獨處一室，觀照自心，他在寂靜中更感到內心法喜充滿。所以，一個禪者為度眾而歡喜，為歡喜而生活，他給人歡喜，自己也歡喜。進入歡喜地的禪者，面容一片安詳、靜穆，可是內心的歡喜，像泉水不斷湧出。

四、隨心自在：禪者的心，和一般人稍有不同。一般人的心，像猿猴跳動不停，像牛馬犯人禾稼，時時給無明煩惱覆蓋，時時被瞋愛干擾影響。而禪者的心，時而出於淨穢，不做事想；時而走出時空，無限擴大。他走出好惡，走出美醜，不做分別。說他拜佛，他「不作佛求、不作法求、不作僧求」；說他沒有修行，他說「當在三寶身上求」。一棵菜根，他說香甜無比；一杯清水，他說甘露瓊漿。他身無分文，但他說自己富有大千世界；他身上垢穢，但他認為自己法性清淨。在禪者的世界裡，早已泯滅一切對待，所以他能隨心自在，如此還有什麼要求的呢？

學佛十二門論

各位讀者，大家吉祥！

佛教講「方便有多門，歸元無二路」，學佛的道路，條條大路通佛國。只是對於初學者而言，如何才能進入佛法堂奧，如何才能得進佛國？不能沒有入門之道。甚至學佛多年的人，也要確認方向無誤，才能達成目標。以下「學佛十二門論」，提供參考：

一、學佛的目的：是為了利濟世間，還是為了自我了脫？是為了現世安樂，還是為了未來往生？

二、學佛的生活：是應該自力生活，還是受人供養？是應該清淡刻苦，還是樂修法益？

三、學佛的感情：是應該淡情去愛，還是長養慈悲？
是應該絕塵離俗，還是昇華道情？

四、學佛的修持：是應該律己明心，還是應該培福度眾？
是先自度後度人，還是先度人後自度？

五、學佛的力量：是以佛法出世為力，還是以積極入世為力？
是以慈悲喜捨為力，還是以榮華富貴為力？

六、學佛的利益：是去除貪瞋愚癡為重，還是入世隨緣為好？
是獲得身心輕安為重，還是增長福德為好？

七、學佛的知識：是研究世間法理為先，或探求戒定慧學為要？
是重視人我世情為先，或無我無人無相為要？

八、學佛的心境：是必須包容世間所有，還是應該心無掛礙？
是必須分清是非善惡，還是應該蕩盡俗慮？

九、學佛的倫理：是待人老幼無別，還是處眾應有尊卑？
是重視佛法方便，還是應該以戒為師？

十、學佛的形象：是性格柔和好，還是擇善固執好？
是克己禮讓好，還是依法行事好？

十一、學佛的經濟：是重視世間財富，還是體證修道法益？
是追求世間淨財，還是享有出世法喜？

十二、學佛的成就：是講究自覺悟道，還是注重佛力加持？
是重視究竟解脫，還是增加法喜禪悅？

經云：「因地不正，果遭迂曲」，學佛首先要有「正見」，如果見解錯誤，念頭不正，沒有好的因，自然不會有好

的結果。所以上述「學佛十二門論」，就是要我們對一些似是而非的觀念，加以釐清，從學佛的目的，到學佛的成就，都要有正確的認識與明確的方向。尤其佛法裡有「解門」與「行門」，解門有三法印、四聖諦、十二因緣等；行門有四攝法、六度萬行、三十七道品等，如果都能一一做到，所謂「解行並重」、「福慧雙修」，則何愁學佛不成。

殘忍之行

各位讀者，大家吉祥！

世間最令人髮指的事情，就是殘暴不仁。歷史上，秦始皇焚書坑儒，白起坑殺降卒四十萬，希特勒殺死猶太人數百萬，老蔣先生為了疑心匪諜，殺死無辜百姓無數，這些都是不可原諒的殘忍行為。

現在的社會，每天都有一些感人肺腑的溫馨事件發生，但相對的，也有一些滅絕人性的殘忍行為發生，例如：

一、綁票勒贖：有一些人為了貪財，有計畫的綁架富商名人，或是其家人、子女，藉以勒索錢財，使得一些無辜的生命受到恐懼的煎熬。甚至有的人勒贖不成，竟然撕票，使家人斷腸，全家陷入愁雲慘霧之中，其行為之殘忍，真是罪不可逭。

二、**放火殺人**：有的人為了個人一點私怨，輕易縱火，甚至一點小事就殺人。不管是有計畫行事，還是臨時起意，都是罪大惡極。因為再怎麼樣的深仇大恨，都沒有必要用殺人放火來洩恨，否則今日以殺人放火為快，他日自己受到因果報應時，就悔不當初了。

三、**強暴奸淫**：每一個人的身體，都有不容侵犯、毀傷的權利，尤其婦女，更不應無端被強暴。人的名節最重要，你逞一時之快，強暴奸淫別人，使受害者心中蒙上無法抹滅的陰影，今後如何立足於天地之間、萬人之前？因此對於一些心理不正常的歹徒，實在不能獲得社會大眾的原諒。

四、**設計謀害**：有的人為了謀奪錢財，有的人為了報仇雪恨，有的人為了打抱不平，設下惡毒的計謀陷害

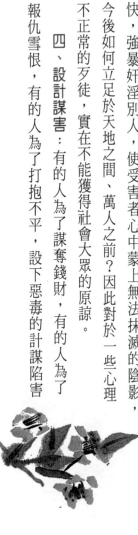

別人，不但讓受害者個人受到傷害，甚至全家人跟著遭殃。其實，縱有仇恨，或有不平，可以訴諸法律，以法解決，實在不應私自設計，害人於不備，也是殘忍之極。

五、恐怖暴力：自從「九一一」美國雙子星大樓，被恐怖分子以飛機摧毀以後，世界上到處「談恐色變」。印尼的峇里島、英國的倫敦地鐵、西班牙馬德里中央車站等地遭受恐怖攻擊，造成舉世人心惶惶。其實，誰和誰有仇恨，可以像過去的武林俠客，明白叫陣，一對一，或團體對團體比鬥一番，也不用如此傷及無辜。所謂「明槍易躲，暗箭難防」，看起來古代的人縱有瞋怒之心，也還講究明來明去，不致於偷雞摸狗的暗中傷人，可謂缺德之至。

六、**食品下毒**：不久前，社會上有一些不肖分子，因為勒索不成，為了報復商家，就在商品中下毒，殃及社會大眾。有的下毒之後，雖然刻意宣傳，目的是為了使商店生意受到打擊，但也搞得社會擾攘不安。這種泯滅良知的行為、心性，實在不適合在社會大眾中生存。

現在台灣社會所發生的殘忍之事，可以說不勝枚舉。例如，台中縣一名尚在就學的保險員，不但遭人強暴，還被分屍，這不殘忍嗎？白曉燕那麼一個美麗活潑的少女，竟因為人性的貪婪，於是在人生最燦爛的花樣年華裡，平白香消玉殞。台北的邱小妹，被父親虐待導致顱內出血，卻又被醫院當成人球，以致延誤就醫致死。像這些慘無人道的事件，都可以看出今日社會風氣之敗壞。當政的領導者，對此能不有所反省而亟思改善之道嗎？

調「氣」

各位讀者，大家吉祥！

人的情緒，喜怒哀樂，都會影響人體的氣息出入；隨著心情歡喜、悲傷、哀愁、暴怒、煩悶等，出息入息都不能平衡，如此必然有傷身體。

佛教的禪法，教人打坐，所謂調身、調息、調心，其中調息就是調氣。人常常為了爭一口氣，彼此傷了和氣。不過認真說來，人的生命不就是在一口氣的呼吸之間嗎？一口氣不來，人的這期生命就算結束了。所以，我們應該把自己的氣息，調得平順和緩，讓自己生起歡喜心，產生歡喜的氣息，則別人接觸到我們，也會歡喜接受；不歡喜，生氣了，不但別人會排斥，連自己也很難接受。因此，我們要懂得「調氣」，試說如下：

一、爭氣，不要生氣：從小，父母師長就勉勵我們要力爭上游，要做個有出息的人，也就是要「爭氣」。但是「爭氣」並不是做「上」、「中」、「前」的人，而是要做個沉得住氣、吃得了苦的人，不要動不動，遇到事情就生氣。生氣無濟於事，只會壞事，所以做人要「爭氣」，不要「生氣」；只要自己有大志願，能經得起千錘百鍊，就能成功。

二、生氣，不要嘔氣：假如自己的修養不夠，難以駕馭自己的脾氣，遇事難免要生氣。真的生氣了，就乾脆明講，告訴人家：「我要生氣了」，但是你不能「嘔氣」，嘔氣就

是生悶氣，把氣悶在心中會傷害自己，所以「氣」最好要有出處。我們建築房子，都要裝設窗戶，為的是要讓他能透氣。房間臥室，透氣明亮，住起來才舒服，人如果常常生悶氣，沒有出氣，是非常危險的事。

三、嘔氣，不要洩氣：你心中不高興，是跟父母嘔氣？跟朋友嘔氣？跟事業嘔氣？跟金錢嘔氣？你嘔氣不要緊，但是不能「洩氣」。人活在世上，所謂「佛靠一爐香，人靠一口氣」，有氣才能立志向上，有氣才能發心立願。假如你洩氣了，好像洩氣的皮球就玩不起來；人到了洩氣的時候，就等於廢物一樣，已經不堪使用。楚霸王一生氣蓋山河，但最後不但未能先進長安為王，甚至洩氣的在烏江自刎，可憐美麗的虞姬也要陪著自盡。〈長恨歌〉中，唐玄宗與楊貴妃在逃亡途中，因為隨行士兵起義反叛，不得不將楊貴妃縊死馬嵬坡，

從此唐明皇意志消沉，頹喪而終，所以洩氣的人，都沒有出息。

四、洩氣，不要賭氣：洩氣了，只是自己不爭氣，倒也罷了，要緊的是，洩氣就洩氣，但不可以「賭氣」。為了要賭一口氣，失去理智，闖下了災禍，後果難以收拾。因為洩氣後，沒有正氣、志氣，只有邪氣、怨氣，甚至為了賭一口氣，做出更多錯誤的事來。如此沒有理性，失去理智的人生，後果不堪設想，所以賭氣千萬使不得。

「氣」是維持人體健康的重要因素，但是不好的穢氣則會危害健康，所以如何調氣，也是人生重要的課題！

新修行法

各位讀者，大家吉祥！

信仰宗教的人，尤其是佛教的信徒，都很重視修行。修行就是要清淨身口意，例如，身要禮拜，口要念誦，心要觀想，要使三業清淨，才能與道相應。

說到三業的修行，一般人想要拜佛，家無佛堂，寺院又遠；想要念佛唱讚，個人也無音樂素養，音律不準就無法讚歎如來。現在有新的修行方法，提供參考：

一、每天想一個好人：每天想一個好人，把他記在日記本上。每天所想的對象不同，舉凡宗教的、哲學的、文學的，中國的、外國的，古今中外的偉人都可以。例如釋迦牟尼佛、孔子、老子、唐太宗、蘇東坡、林肯、泰戈爾、德雷莎等。如果能把他們的好事行儀也記錄在簿子上，一年三百六十五天，日日不同，一年下來，檢查你所想到的好人，是否真是好人？也要做個評鑑。這就如同念佛，念佛能成佛，心想好人，見賢思齊，當然也會成為好人。

二、**每天說幾句好話**：所謂好話，只要是真正出自內心的讚歎都可以。讚歎大自然，讚歎古今英雄好漢，讚歎身邊的瑣事，例如：你掃地掃得真乾淨、你搬桌椅都沒有聲音、你做事很細心、你很有愛心、你很有因果觀念……等，只要是能讓人聽了歡喜，聽後能鼓舞信心的好話，每天都可以說幾句。

三、每天想幾件好事：自己做過的，或是別人所做的好事，都可以想。例如，到育幼院探望兒童，到傷殘、養老的機構關懷老病，到偏遠山區從事醫療服務等。甚至自己正想要做，乃至媒體所報導的好事，例如想要加入社會義工行列，從事掃街、資源回收、愛心媽媽等服務，都可以想。

四、每天讀幾頁好書：所謂好書，凡是宣揚忠孝仁義之精神，闡釋有益身心健康的各種學說、道理，都是好書。人要每天吃飯，才有營養；相同的，每天讀幾頁好書，就是為精神增加食糧。

五、每天唱幾首好歌：唱歌可以自娛娛人，尤其詞曲優美的好歌，例如《人間音緣》所發行的「愛就是惜」、「點燈」、「朝山」等歌曲，由於旋律清新、詞意發人深省，具有鼓舞人生的功能，每天可以跟著伴唱帶合唱，或是自己獨唱也可以。如果不方便，也可以哼

「七音佛」，或念一卷《般若心經》代替。

六、每天念一篇祈願文：現代社會很流行讀誦「祈願文」，甚至長久以來，基督教的整個宗教生活，就是一個「祈禱」。在我們的生活裡，如果每天能讀一篇「佛光祈願文」，對社會各種人士的酸甜苦辣，都能真心為他們祈願祝福，以此做為自己的修行，久而久之，身心得到淨化，自然會得到感應。

以上所說「新修行法」，是為這個時代的大眾所特別開出的方便法門。每天六件事都能做到固然很好，如果感到有些困難，至少能在六事當中，選擇一半，持之以恆，交替實行。每天能夠完成三件事，做為自己的定課，則與每日拜佛、念佛、打坐、觀想等修行，意義是一樣的。有心修行的同道們，對此提案，何妨一試。

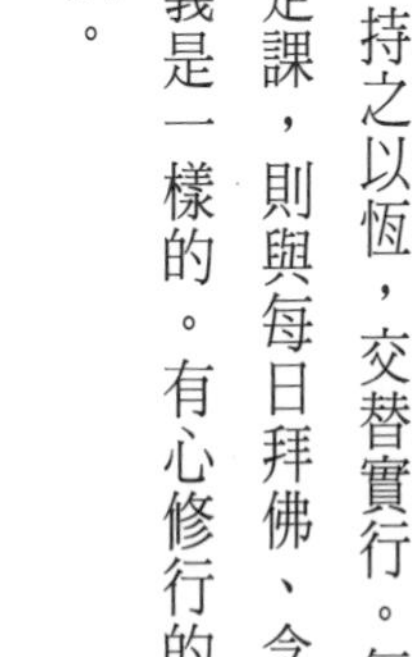

感應關係

各位讀者，大家吉祥！

世間上的人事物，彼此都有相互感應的因果關係，有的是善美的關係，有的是難堪的情況。現在列舉八事，略述感應關係：

一、從結緣中獲得善緣：人都希望別人給我們一些善緣、好緣，但是你投資的因緣是什麼呢？種瓜得瓜，種豆得豆，如果你在生活中也給人家一些幫助、善意，當然也會獲得別人回報給你善緣。

二、從吃虧中獲得回報：人有時候會討便宜，有時候也會吃虧。世上沒有天天討便宜的事，但是有時吃虧也是福。假如吃虧時，不要仇視，不要報復，不要計較，反而能用一種原諒的心情，讓對方了解你的善意，如此縱使吃虧，總有一天也會獲得一些善美的回報。

三、**從守信中獲得尊嚴**：有的人把守信視為第二生命，有的人把說謊視同兒戲。如果你平時做人守時、守信、守道，別人自然敬重你，而不敢隨意冒犯、輕視你，自然能建立自我的尊嚴。

四、**從感恩中獲得成就**：人家曾經說過我們的好話，幫助過我們解決困難，如果我能心存感恩，立願希望有一天也能幫助他、回饋他，以報答他的恩情，自能增加自己的力量，成為自己成就的動力。

五、**從讚美中獲得回應**：「給人歡喜」是一種美德，說幾句好話就是施捨。兒童都要人鼓勵，帝王將相、專家學者，難道他們不喜歡獎勵？如果你能為這個世間多平添一些獎牌、好話、善意，當有一天別人也給你善的回應時，你自然會知道，做好事必然功不唐捐。

六、**從播種中獲得成長**：俗語說「凡走過必會留下痕跡」，因此播種必然會有收成，而且播的是豆種，就會收成豆子，播的是瓜種，就會收成瓜果。播種的人生才是有成就的人生，我們幾曾見過世上有不勞而獲的人嗎？

七、從忍耐中獲得平安：人能忍一口氣，風平浪靜；人能耐一點煩，能成就萬千事。做人不剛愎自用，不頤指氣使，不驕縱橫行，能夠謙虛忍讓應世，必然能招感平安順遂的結果。

八、從信仰中獲得感應：信仰有沒有感應？答案必然是肯定的。你敲一錘鐘，就會「噹」一聲，這就是感應；你打一下鼓，「咚」一聲，這也是感應。空谷回音都有感應，還怕信仰沒有感應嗎？天上的月亮照在湖面上，就是一個月亮；一陣清風徐來，自然會有拂面的涼意，所以觀世音菩薩「千處祈求千處應，苦海常作渡人舟」，已經把感應的原理說得極為透徹了。

上來所說這許多感應的關係，或者我們請人家吃飯，人家請我們喝茶；我們布施給人金帛，他只回報給我銀兩；我貢獻給他學術專長，他只是給我一些閒話；我對他無比尊敬，他只是對我點點頭而已。感應的關係不是這樣論斤計兩的，心香一瓣，無比高貴，心中的意念價值多少，不是用世俗的價值所能衡量的。

對治

各位讀者，大家吉祥！

這是一個奇妙無比的世界！世間任何東西，都有它的天敵，都有剋星；相對的，任何問題也都有「對治」之道。你黑暗，我用光明照亮你；你罪惡，我用善美感化你；你邪派，我用正道引導你；你犯法，我用法律制裁你；你無知，我用教育啟發你；你懶惰，我用精進幫助你。因此，人間許多毛病，依世間法都有很多的藥劑可以對治，即使是難治的癌症、愛滋病等，慢慢的也有藥物治療了。只是人生的習氣，所謂根本煩惱，比大病還要難以治療。

針對「習氣」，茲提出對治的辦法如下：

一、以慈悲對治殘忍：有的人凶殘沒有人性，傷生害命，惡事做盡，即使你用法律對治他，他也不服，這種人只有用慈悲感化他。例如，後趙的石勒、石虎，凶狠暴虐，殘殺無辜，不就是受到佛圖澄的慈悲感化，而減少許多殺業的嗎？

二、以柔和對治剛強：有的人性格剛強、執著，難以教化，就如人所形容的：心比石頭還硬，比冰霜還冷，簡直沒有人性。對這種剛強的眾生，說再多的理論，他也聽不進去，只有用柔和的態度軟化他。所謂「柔能克剛」，儘管你牙齒再硬，柔軟的舌頭不會先爛，所以當初佛陀就是以柔和慈悲，才把指鬘外道教化，由邪歸正。

三、以熱情對治冷漠：世界上，有的人很熱情，有

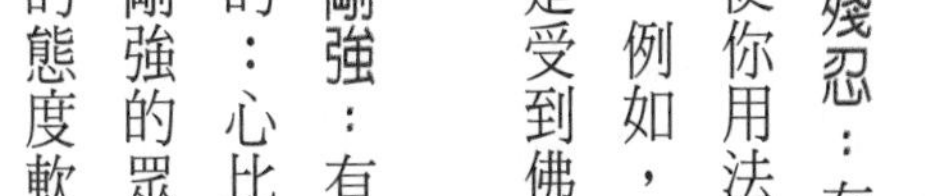

的人很冷漠。冷漠的人，就像木石一樣，對人間的問題漠不關心，好像這個世間與他全然無關。這種冷漠的人，其實他的內心很需要人幫他點燃火焰，所以我們要用熱情關懷他，用溫情融化他，就像冰雪再厚，太陽出來就會融化。

四、以智慧對治無明：常有人問：人從那裡來？人是因何而出生？答案是：人從「無明」而來！人是因為「無明」而出生的！無明就是不明白，就是莫名其妙，所以這個世界上，莫名其妙的人何其之多。如何對治無明？必須開發智慧！國家提倡教育，父母以讓兒女受教育為己任，社會大眾關心文化，重視知識的傳授，佛教更是重視佛法義理的傳播。這些都是為了幫助大眾開發智慧，唯有智慧，才能袪除無明。

五、以包容對治狹小：過去經常聽別人批評：女性心量狹小。

其實，男士的心量又何嘗一定比較大？朋友之間，一點小事，斤斤計較；親友熟人，一點利害，鬧上法庭；與人往來，好壞恩怨，錙銖必較，如此怎麼能平安呢？所以只有其中的一方，以寬大的心量包容對方的狹小，就好像海洋包容魚蝦的悠遊，山林包容鳥獸居住一樣。

六、**以誠實對治虛妄**：這個社會，人人誠實才可愛，如果大家相互欺騙，詐欺虛妄，讓人防不勝防，不但活得辛苦，也活得提心吊膽，所以佛教把「妄語」列為根本戒之一。現在舉世各國，對於新移民入籍，都要宣誓不說謊。誠實是人應該樹立的品牌，「狼來了」只有一次，做人必須誠信一生，才能讓人肯定。

以上「對治」諸事，不妨試行之，相信必能收到很大的效益。

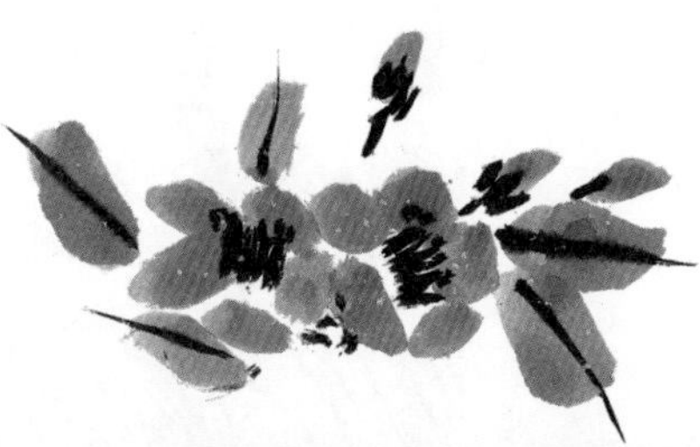

想一想

各位讀者，大家吉祥！

凡事經過「想一想」，都會有不同的結案，凡事經過研究、研究，也會有些許的修正。人生在一些關鍵時刻，要做重大的決定之際，確實都要「想一想」，例如：

一、盛怒之下要想一想：當一個人情緒激動，極端生氣的時候，往往失去理智，不但罵人、打人，甚至還想殺人。佛經說：有一個商人連夜兼程，準備回家過年。回到家中已是深夜時分，見家中大門未鎖，於是輕聲開門入內。走進臥室一看，只見床前一雙鞋子，一雙

男、一雙女。這一看，不禁勃然大怒，認為太太不貞。當下衝到廚房，拿了一把刀子，想要殺死奸夫淫婦。忽然記起一位老和尚的話：盛怒之下要「向前三步想一想，退後三步想一想」。如此向前、向後的聲音，驚動床上的太太。太太一見先生回家，就說：你怎麼現在才回來？先生反問：床前怎麼有男人的鞋子？太太說：過年了，為了圖個吉利，把你的鞋子擺在這裡，有什麼不對嗎？這位商人心中一震，不禁暗自叫道：想一想，確實重要。

二、決策實行要想一想：任何團體，領導人做出決策非常重要，決策要實施，更是重要。當決策正式提出之前，不妨再想一想：這樣的決策提出去，會傷害那些人嗎？會對某些人不利嗎？各方面都能照顧周全嗎？想一想，也許有所不足、有所缺失，都還來得及修正，便能更健全、更周到。如果沒有想一想，萬一錯估了情況，造成傷害，後果就不堪設想了。

三、結婚成家要想一想：成年男女，男婚女嫁，成家立業是人生正常的過程。但是結婚之前，不妨再仔細想一想，免得感情上的準備不夠，萬一婚後無力培養、維護感情，不如婚前再多想一想：我們能相互成為終身伴侶嗎？我能終生恩愛對方不改變嗎？我的經濟條件能夠成家立業嗎？對方的缺點我都能包容不計較嗎？想周全了，免得婚後懊悔、煩惱，那就悔之晚矣。

四、十字路口要想一想：我們走路，經常走到十字路口，忽然失去了目標，是向東？還是向西？猶豫不決。在這樣的時刻，確實需要想一想！經過仔細的想一想，如果還是覺得難以決定，不妨請教路邊的行人，經過人家指點，免得背道而馳，永遠達不到目標。所以，人生的道路，走到十字路口的時候，需要想一想，搞清楚方向目標，才能向前行。

五、善惡抉擇要想一想：平日我們遇到的人和事，當中都有一些或善或惡的成分。是惡人，我怎麼能和他同流合污呢？是壞事，我怎麼能不分是非好壞的盲目去做呢？所以人要有抉擇善惡的能力，要有辨別是非的智慧，要能確定好壞，要懂得權衡輕重，凡事思前顧後的想一想，免得做錯之後再想回頭，可能會有麻煩。

六、投資之前要想一想：人在社會生存，少不得要與人合作；與人合作，也要多方觀察，仔細考慮。例如，跟人合作經營事業，在投資之前要想一想，合作對象的品德、信用如何？合作的事業有未來性嗎？產品的銷售有市場嗎？萬一虧損時怎麼辦呢？如果凡事都經過自己推敲、研究，仔細想一想，就能把風險降到最低，這是人生自保之道，也是求生存應有的本領。

釋「打」

各位讀者，大家吉祥！

佛光山有個專門提供僧信修行的「禪淨法堂」，一年到頭經常舉辦禪七與佛七的修持活動，每次信徒報名參加，都說是到佛光山「打禪七」或「打佛七」。他們有時候打一個禪七、二個禪七，或者打三個禪七、四個禪七，甚至打七個禪七。參加佛七的人也是一樣。

另外，佛光山的大眾每

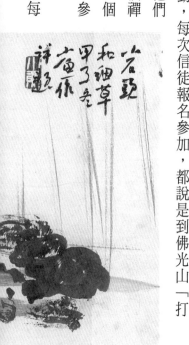

日早晚要上大雄寶殿參加課誦，每逢初一、十五或佛誕日，中午要在大雄寶殿「打供」；乃至一年當中會有幾次的「打水陸」。有人會問：為什麼一定都要用「打」呢？其實「打」之一字，就是「舉行」的意思；打禪七就是舉行禪修，打供就是舉行上供。

再有，佛光山徒眾每當職務調動時，需要「打

單」，也就是打包衣單的意思。平時過堂吃飯，行堂會負責幫忙「打飯」；乃至齋堂裡，糾察師如果有事情要向大眾宣布，也會客氣的說「打閒岔」。

「打」這一個字，下面可以接很多的字詞，於是許多「動作」、「神情」就被生動而傳神的呈現出來。例如：打量、打聽、打盹、打滾、打趣、打落水狗、打恭作揖、打腫臉充胖子等。

以下試依「打」的詞性，列舉一些與「打」有關的用語：

一、當動詞時有：打掃、打水、打撈、打針、打仗、打字、打包、打球、打架、打擊、打碎、打破、打開、打掉、打電話、打草驚蛇、打狗看主。

二、當名詞時有：半打六個、一打十二個、打火機、打手。

三、當介系詞時有：你打那裡來？你打那裡去？

四、當形容詞時有：打拚、打響、打轉、打圓場、打秋風、打哈欠、打瞌睡、打起精神、打情罵俏、打諢插科、打抱不平、打得火熱。

五、當副詞時有：打折、打算、打擾、打點、打工、打消、打發、打烊、打造、打通、打扮、打工、打雜、打尖、打底、打歌、打緊、打牙祭、打折扣、打頭陣、打招呼、打官司、打交道、打通關、打油詩、打游擊、打退堂鼓、打動人心、打悶葫蘆、打富濟貧、打家劫舍、打鐵趁熱、打鴨子上架、打如意算盤、打死不承認。

另外，在佛教裡也有：打香板、打開心門、打破虛空、打成一片、打開天窗說亮話、打破黑漆皮燈籠等。從佛法的觀點來看，「打」之一字，有「打壞」一些不好的，又能「成就」一些好的之意，所以其內容很值得深思。

禁語

各位讀者，大家吉祥！

在佛教的禪堂，或是念佛堂裡，經常可見修行的人，在胸前佩掛一塊「禁語」的牌子，意思就是告訴旁人：我現在禁止講話，請你不要和我說話。

掛了「禁語」牌以後，不只是口頭上不能講話，即使用手指，用嘴呶，或眨眼示意，都是不合法的禁語。為什麼修行人要禁語呢？

一、節制自己的任性：一般人總是很任性，想什麼就說什麼，毫無節制；如果你能克制自己不說話，就如同釀造醬油、醬瓜、醬菜時，都要把罈口密封，如此釀出來的醬菜味道才會鮮美。少說話，不是不會說話，而是要讓自己未來說話時，更會說話。

二、**沉澱自己的思想**：一般人思想膚淺，想得不深、不遠，就是由於沒有訓練；假如給予自己一段時間的禁語，讓自己的思想做一番沉澱的功夫，所謂「靜觀自得」，經過靜觀、沉澱後，凡事會想到「為什麼」，甚至想任何事，都有一、二、三、四的層次，久而久之，自己的思慮才會純熟、圓融。

三、**傾聽自己的音聲**：平時我們都是聽一些由外而來的聲音，假如透過禁語，把外面的聲音隔絕在外，不聽外面的雜音，而用心傾聽自

己內心的聲音，也就是禪門所謂的「隻手之音」。你能聽到隻手的聲音，就不會被外面的世界所影響。

四、**觀照自己的內心**：禁語者，主要是要看住自己的心，不要向外攀緣，不讓眼、耳、鼻、舌、身、心，向外追逐色、聲、香、味、觸、法等六塵。把自己的心看住，使其不動，而又可以明明白白的觀照，這就是修行的一等功夫。

所謂「沉默是金」，禁語實在是很重要的一門修行。平時我們由於好論是非長短，犯下多少錯誤，所以「病從口入，禍從口出」，都是由於說話不當惹出的罪過。在佛教的「十惡業」裡，口業是最容易違犯的毛病，所以平時應該多注意自己的口，該說的話要說，

像隱惡揚善、禮貌招呼、對人的愛語鼓勵等；反之，不當的惡口、兩舌、妄言、綺語，實在有自我警覺的必要。

人的身體上，有兩隻眼睛、兩個耳朵、兩個鼻孔，卻只有一張口。這個意思是叫我們，要多看、多聽、多呼吸新鮮空氣，少說閒話。如果我們能觀照自己，每天不要浪費時間說一些不必要的話，把這些時間節省下來，每天至少也有一、二個小時，甚至更多。把這些時間節省下來以後，可以用來讀書、禪坐、思惟，甚至蒔花刈草，打掃家中內務，或者當社會的義工，如此都比說閒話有益多多。

所謂「修行」，不只是「修心」，眼耳鼻舌身都應該要修。也就是不當看的不看，不當聽的不聽，不當知的不知，尤其不當說的不說，不要逞口舌之快。因為我們的口，如利刃，如子彈，口頭不能看守好，其他的器官就更不容易管束了。

觀照十六問

各位讀者，大家吉祥！

人要懂得自我觀照，觀照就是觀看自己，就像對著一面鏡子，把自己的模樣、自己的成份、自己的人生、自己的一切，都能照個明白。

觀照自己不必用X光，也不必用透視鏡，只要用心思觀察、分析，就能明白自己。茲舉十六事，供作自我觀照：

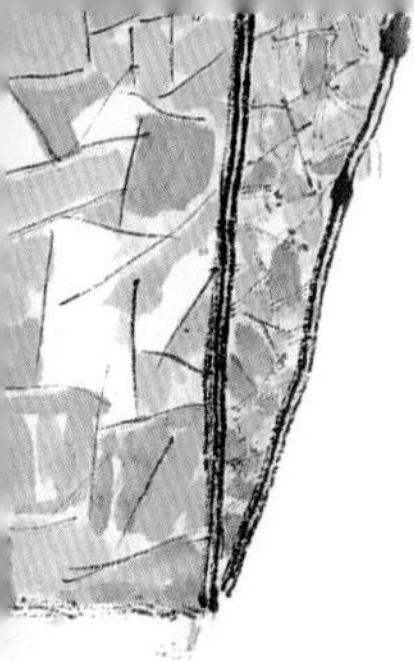

一、關於行為的：

1.做人處世要誠信厚道，對人不可有太多的懷疑，但是有的人生性多疑，甚至思想執著，喜歡計較、分別，經常在做事時不經意的傷害別人的自尊。

我觀照自己有這樣的行為嗎？

2.和人相處，應該謙虛，如果自高自大，自命不凡，自以為是，即使再能幹的人，別人也會離他而去，不肯與之合作共事。我觀照自己有這些毛病嗎？

3.與人合夥創業，應該公平公道，不可自私自利。如果自己愛討便宜，總讓別人吃虧，例如出資要少一點，分紅要多一些，合作的關係必定不能維持長久。我觀照自己有這種不良的習性嗎？

4.與人共事，應該互相幫助，彼此合作，共同分擔。如果遇事不肯承擔，不願負責，困難的事總叫別人去做，輕鬆的事爭著自我表現，如此造成別人的困擾，自己也會不得人緣。我觀照自己有這些問題嗎？

二、關於語言的：

1.說話要尊重別人、讚美別人，小小過失要替人袒護一點，小小功德要替他宣揚一下。我觀照自己有這樣助人的好意嗎？

2.與人往來，應該跟人講話的時候要講話，應該向上級報告的時候要報告，應該傳達指示命令的時候要傳達。我觀照自己，對於電話、E-mail、公文往來時，都有立刻處理嗎？

3.和人共事，不能太多話，但也不能不說話。尤其跟主管要經常溝通，與同事講話要客氣，對於初學者要幫助他進入狀況。我觀照自己都能做到嗎？

4.人我相處，說話要禮貌，「請，對不起，謝謝您」要經常掛在嘴邊，不可用質問的口氣和人說話，甚至聽人講話也是一種藝術。我觀照自己與人交談都能和諧而熱烈嗎？

三、關於感情的：

1.做人處世不可以自私，不能感情用事；對親近自己的人不能假公濟私，對公家不忠、對工作不力的人不能袒護。我觀照自己能有這樣大公無私的心胸嗎？

2.公眾的事情，尤其有關大眾的利益，應該主動向主管建議；同事間有些危害團體的言論、主張，應該加以遏止。說話要保護團體，不能製造是非，挑起糾紛。我觀照自己能夠如此分辨是非善惡嗎？

3.工作的成績，有時候要講究成果；但是適當的感情處事，能使人事和諧。大眾相處，上下一心，一

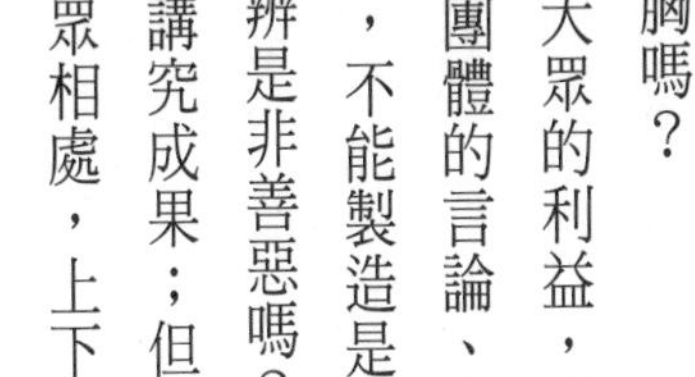

團和氣，這是最美好的感情。我觀照自己能夠如此圓融應世嗎？

4.感情不可以太熱，也不能夠太冷，尤其不能偏私，要公正、公開，對人友愛而平淡，不要濫交異性，不要招致別人的譏嫌。我觀照自己都能如此正直磊落嗎？

四、關於人事的：

1.人事之間，公誼私交，彼此往來都能清白、坦蕩，不說人是非，不探人隱私，不強人所難，不讓人困擾，對人要尊重而包容。我觀照自己都能做到嗎？

2.做人要給人鼓勵，經常在適當的時候推崇別

人、讚美別人，以語言做小小的布施、小小的結緣。我觀照自己有這樣的習慣嗎？

3.別人有困難，及時助他一臂之力。人我之間不要把事情、責任分得太清楚；能夠主動替人多擔當一些責任，必然也能帶來自己的順利。我觀照自己都能如此隨喜助人嗎？

4.做人要學習吃虧，學習認錯，學習道歉，學習讚美。我觀照自己都能這樣用心用力嗎？

世間上，人與事、人與財、人與物都好管理，唯有人際的關係不容易處理。如果能夠經常自我觀照，自我用心，必能自我進步，進而人與人之間的關係，必然也能和諧而正常的發展。

養

各位讀者，大家吉祥！

一般人都喜歡養貓、養狗，養花、養草。養，就是「生」的意思；有「養」，才能生存。好的要養護，但是一些不當的養，如「養癰貽患」則萬萬不能。關於什麼能養，什麼不能養，茲說如下：

一、養德重於養財：一個人如果只知儲蓄金錢，金錢乃「五家」所共有，遇到水、火、盜賊、貪官污吏、不肖子孫等，都會使我們的錢財蕩然無存，因此養德才是重要。錢財會被人偷走，道德則不會被人所盜。一般人雖然羡慕有財富的人，但更尊敬一個有道德的人，所以做人忠厚、誠實、行善、利眾，都是養德也。

二、養心重於養身：一般人都非常重視養生，運動保健、飲食調理，無非希望於身體有益，但往往忽略了「養心」。其實「萬般帶不去，唯有業隨身」，人生到了百年大限到時，身體不是我們的，只有「心」（也就是業）隨我們在五趣六道輪迴，所以養心能不重乎。

三、養性重於養氣：現在社會非常流行練「氣功」，可見大家重於「養氣」。養氣一者健身，同時涵養性情，固然也很重要，例如涵養浩然正氣，也能為天下蒼生造福。但是「養性」即為「養命」，因為人人都有「佛性」，如果能將自己的真如自性養好，給予安住、淨化，如此又比養氣重要得多。

四、養民重於養士：自古以來，大家族、大人物都

要「養士」，如戰國四君子之一的孟嘗君，門下「食客三千」，雖然也會受士的回報，但是不如能「養民」。「士」只是「民」的一部分，民才是全部，如果對於全民都能有所利益、幫助、貢獻，則得民心者，才能得天下。

五、**養廉重於養望**：一般常人都希望自己的名望很好，所以凡是地方的事情、公眾的事務，都希望當個代表，選個理事。但是名望重要，清廉更重要。一個人穿了美麗的衣服，如果不清潔，也為人所不喜，所以做人清廉有德，在人格上樹立自己清廉的名望，更是重要。

六、**養量重於養能**：世間上有能力的人為數很多，有度量的人就不容易得見了。有人說，「事業有多大，就需要有多大的度量」，此

言誠不虛也。能容納一家可做家長，能容納一村可做村長，能容納一縣可做縣長，能容納一國可做領袖，能容納全世界，才能統領天下。

七、**養志重於養晦**：中國的士大夫一向提倡要「韜光養晦」，養晦就是現在所謂的「低調」、「不與人爭」。但是光是消極的養晦，不如積極的養志；「立足當下，志在千里」，如范仲淹的「先天下之憂而憂，後天下之樂而樂」。能夠立志為國為民，就會為全民謀福利，此乃積極向上之精神也。

八、**養拙重於養巧**：人的一生，要求進步，總想有一些巧思、巧想、巧能、巧心。但光是「巧」，太過鋒芒畢露，往往遭人疑忌，所以做人有時要懂得「養拙」。以誠實、穩重、厚道處世，深藏不露更能於己有利。

養，人生應該養些什麼呢？以上八點僅供參考。

讀書六到

各位讀者，大家吉祥！

俗語說「活到老，學不了」，人生要不斷的學習，不斷的閱讀，不斷的增加自我的能量，才能活得充實。舉世聞名的德裔美國科學家愛因斯坦認為，成功等於刻苦努力，加正確的方法，再加上不說空話，也就是具體的實踐。

在知識爆炸的現代，每個人都知道要自我充實，要多讀書才能跟上時代。但是同樣一本書，不同的人閱讀，其效用、體會也有深淺不同。會讀書的人，讀了小說也能受益匪淺；不會讀書的人，即使讀了聖賢的大道理，還是不知所云。讀書姑且不論智力差別，就以閱讀方

法而言，也有很大的影響。一般說，讀書有「五到」，試舉如下：

第一、眼到：眼睛要看，不論文、史、哲，乃至天文、地理等各種書籍，都要用眼睛去看。一般說，看小說、雜誌或閒書，瀏覽即可；若是看技術、專業的書，就要仔細的看。有的書看一遍就可以，有的書卻可以一看再看，因此自己要能分辨書的內容，加以瀏覽、細讀、選讀、精讀、專讀或研讀。

第二、手到：在閱讀的同時，要畫下重點、佳句，寫些眉批，做些重點筆記。有的人甚至用顏色來區分重點的強弱，或是區分關鍵

詞與佳句等，這些都有助於將來複習，或搜尋資料。

第三、耳到：讀書也要把耳朵打開，聽老師、學者、專家的評論與解析；甚至不但要多聽別人的看法、論點，耳朵也要聽聽自己閱讀的聲音，像讀詩、詞、曲，都要用耳朵聽，才能聽出其中的韻味。

第四、口到：讀書一般稱為「閱讀」，不光是用眼睛看，還要用嘴巴去讀，如此才能讀出韻味。尤其讀書做「學問」，「學」了還要會「問」，讀書時探究問題的根源，遠比獲得答案重要，所以要經常用嘴巴發問，問了才能明白。真理是愈辯愈明，做學問最好能夠討論、辯論，論過以後，對所學的東西才會了解得更透徹。

第五、心到：讀書要專心，才能看得真、聽得明、學得精、問得透，所學才會紮實。有心讀書，不但能讀出興趣，還會加強記憶。尤其讀書除了要「專心」，對重點要能提綱挈領，對全文要懂得綜合歸納，對各種學說要能分析比較；除此之外，讀書還要有恆心、細心、耐心、慧心、巧心，只要有心，就能讀出心得，就能領會箇中的況味。

除了以上五到，其實讀書更重要的是「身到」，所謂「讀萬卷書，行萬里路」，閱讀不僅只是知識的吸收，最主要的是能開闊心胸，提升人格，所以讀了那麼多書，要把書中的道理運用在生活上，要用身體去實踐，如此讀書，才是真正的閱讀，才能活用。

讀書四要

各位讀者，大家吉祥！

古人說：「書中自有黃金屋，書中自有顏如玉。」其實最重要的是，書中有養分，讀書才能變化氣質，讀書才可以增加見識，所以「人不學，不知義」，不讀書的人，不能成才。

讀書要講究活用，不能讀死書，也不能死讀書。古人為了讀書，像蘇秦的「懸樑刺骨」，像匡衡的「鑿壁偷光」；現代多少名人，也都是因為有好父母，不惜一切的讓他讀書，他的人生才會揚名立萬。

如何才能把書讀出心得，讀了有用？茲將「讀書四要」提供給大家參考：

一、選擇好書：「開卷有益」這句話已不合時宜，有的人儘讀一些無益的書，對自己毫無用處，只能說開卷浪費時間。所以讀書要能受用，最重要的前提是，要選一些好的、健康的書來讀。

所謂「好書」，舉凡聖賢之書，如四書五經，諸子百家；所謂「好書」，像中國的五大才子之書，像《二十四史》、《貞觀政要》、《胡適文存》、錢穆史學等，都可以做為讀書入門之要。其他的「好書」，如宗教的書籍，不論談說真空妙有之理，或是唯識性空之學，乃至禪宗

的《六祖壇經》、各種高僧語錄、傳記等，都值得一讀。

二、讀其精要：讀書要能讀出精要，如《古文觀止》就是古人讀出的精要；如《國語日報》出版的《古今文選》，就是今日大家讀出的精要。圖書館的藏書之多，無非希望選其精要來讀，並非要人每本必讀。在哲學、科學、文學等各種領域裡，都有其各自的精要之作，甚至應用學也有應用學的精要之作，讀書人要會取其精要，才算會讀書。現在的大學教授，指導學生讀書，總要開出三、五十本，甚至上百本的書，不但要學生熟讀，而且要讀其精要。

三、隨時筆記：讀書不能走馬看花，不能過眼雲煙，一定要將其精要做成筆記。把書中的理論記錄下來才是你的，不記，還是他人的，所以古代有許多偉大學者，都有讀書筆記。平常我們看電視連續劇，雖然精彩，因為沒有記錄下來，最後還是還給劇本，所以讀書要做筆記。

四、要能活用：讀書之要，要能活用。有的人以生活就是學校，有的人以社會就是大學。有的人隨著老師從幼稚園讀到研究所，一無所成，有的人自學而成其為大儒，所以讀書的人，不在讀多讀少，而在讀得有用。科學家許多的發明、發現，都是因為能活用；哲學家能推理探究，發明學說，也是因為活用。思想是活用的泉源，凡是一個讀書人，先要窮其思想，究其思惟，才能讀出箇中的智慧，才能成為自己的思想。

以上「讀書四要」，雖無新意，卻是至理，值得參照。

觀心五法

各位讀者，大家吉祥！

世間上，多數人喜歡看外面，不喜歡看裡面，經常都在「心外」求法。例如，研究天文地理、山河大地、動物植物、社會政治、各種建築景觀等，大有人在；研究自己心理的人，則少之又少。

其實，我們的「心」才是宇宙人生的根本，無論什麼，都通達於心，都源於一心。只是一般人都喜歡看你看他，看人的善惡好壞，卻不明白自己的「心」，所以佛教的禪門很講究「觀心」為本。

怎樣「觀心」呢？試提五法如下：

一、觀心正邪：我們的心，時而天堂，時而地獄，時而善美，時而邪惡，不易了解。尤其人喜歡「護短」，對自己心裡的善惡正邪，容易護短矇蔽，因此不易正確了知。其實，心中有因果、道德、慈悲，是心為正；心中充滿了邪惡謬執，是心為邪。如果能觀照自己的心是正是邪？就能知道自己的做人，是正或不正了。

二、**觀心賢愚**：我們的心是賢是愚，如何判別？所謂賢者，就是賢慧善良，所謂愚者，就是癡迷愚昧。有的人以反為正，以善為惡，虛妄錯誤，所謂「不按牌理出牌」，都是因為沒有觀照自己的心，沒有把心轉愚為賢之故。

三、**觀心動靜**：吾人之心，每天二十四小時幾乎都在妄動，一生數十年歲月，也總是不得停止，即便是睡眠，也會離開眼耳鼻舌身，單獨作種種夢境。心能上山下海，

心中充滿人我是非，其實都不是真實的，只是說明心之好動。假如我們能觀照自己的心，能「制心一處」，讓心靜止不動，所謂「一念不生」，何愁萬事不辦呢？

四、**觀心淨穢**：我們的心是清淨心呢？是污穢心呢？如果心中充滿貪欲、嫉妒、邪執、瞋恚，這就是心的污穢；如果心中一直想要利益世間，照顧世間，與人為善，給人好緣，這就是清淨心了。一個人的心如果能清淨，時時觀照他，不讓他迷失；把握住心，才能把握真正的自己。

五、**觀心大小**：吾人之心，實在說「心如虛空，量周沙界」，我們的心無處不遍，無所不在。但是有的人，心量之小，例如婆媳不能互相包容，夫妻不再相愛的時候，視如仇人，總想去之而後快。有人說，我們的眼睛容不下一粒沙；如同我們的心，不能容下一個人、一件事，所以不能成其大。

人生，心量有多大，事業就會有多大，如經云：一心包容「十法界」，每一界有「十如是」，每一如是又有十法界，所以「百界千如」，宇宙就在我們的心裡。只是我們每個人雖然有心，心卻是很難明，所以「明心見性」，這是吾人最重要的功課。如果我們能放開胸懷，包容宇宙，包容天下，包容一切，讓人我一如、自他一體，豈不美哉。

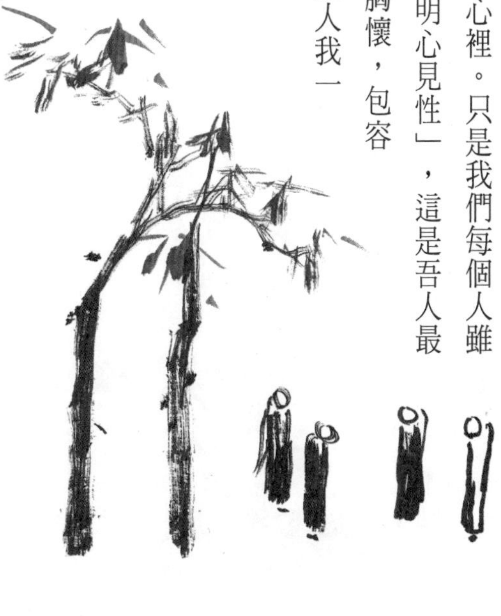

學佛四層次

各位讀者，大家吉祥！

學佛如同上樓梯，一層一層，按部就班；又如登山，循序而上，不能躐等。在佛法裡，也像學校一樣，分有一年級、二年級、三年級……。例如小乘佛教有初果、二果、三果、四果；如係大乘，則有十信、十住、十行、十回向、十地、等覺之五十一位。但是不管怎樣的學佛，其共同點就是必經下列四個層次，不可稍懈。

一、信心——以信心體驗佛道：宗教和別的學科不一樣，最重要的就是以「信心」掛帥。如《華嚴

經》說：「信為道源功德母，長養一切諸善根」，《大智度論》說：「信為能入，智為能度」。學佛的人只要以信心為基礎，信心裡面的世界可以擴大，信心裡醜陋的會淨化成為美麗，委屈可以成為公平，貧乏可以變得富足。

二、慧解——以慧解深入法海：佛法是「智慧」之學，不管你是專家學者，不論你是村夫村婦，一進入佛教，則如「三獸渡河」、「三鳥飛空」。佛法的智慧，從外界的萬象，可以了解到自己的內心；從複雜的人事，可以明白單純的道理；從執著假象，而能了解苦空無常；從憂悲苦惱，而能獲得法喜禪悅。

三、行持——以修持廣結善緣：佛法不是嘴上說的，重在「實踐」，所謂「各人吃飯各人飽，各人生死各人了」，一切都是「如人飲水，冷暖自知」。學佛的人平常重視廣結善緣，你有迷惑，他為你解迷；你有苦難，他為你救苦。佛教徒的修持，有抄經念佛，有朝山禮拜，有參禪打坐，有誦經自課，這些都只能說是自利。另外，凡佛教徒多少都有菩提心，總想給人利益，因此學佛除了自利以外，也非常重視利他。例如近年來世界各地的地震、海嘯、土石流、颱風等，每次的災情，佛教徒都能感同身受，出錢出力，從不落人後。

四、證悟——以證悟實踐佛法：佛教都是講究實證，不尚空談，

空談之談玄談妙固然有之，不過，過去佛教所謂老實念佛、老實打坐，一切都是切切實實，一板一眼。甚至從佛教的歷史看，很多高僧都是陸沉叢林，從事行單工作，一做就是幾十年，如雪峰禪師在洞山座下任飯頭，靈佑禪師在百丈座下任典座，慶諸禪師在溈山座下任米頭，道匡禪師在招慶座下任桶頭，義懷禪師在翠峰座下任水頭，曉聰禪師在雲居座下任燈頭，或是臨濟鋤地栽松，仰山開荒牧牛，洞山鋤茶園，雲門擔米等。總之，學佛的人總有一個自己的目標，不管是從事行單培植福慧，或是念佛往生、參禪悟道、修密相應等；因為存此目標，必有動力朝此目標邁進，所以佛法無量法門，以實踐最為重要。

學佛的層次，從信心而慧解，從慧解而行持，從行持而證悟，所謂「信解行證」，是為學佛循序漸進之次第也。

禪門

各位讀者，大家吉祥！

世界上，有人類的地方就有「門」，門裡門外，門裡的都是「一家人」，門外的稱為「外人」。

所謂「門」者，本來應該是通往目標的道路，例如：做事情找對了「門路」，就容易成功；但是世間上，有「門」就有內外、你我的對待，就有公私、好壞的分別。即使是禪門，也有「無門關」；因為執「空」就是「有」。因為有對待，就會產生衝突，因為有分別，就會造成紛爭，所以「無門之門」最好。用「禪門」的話來說，就是打開心門，包容地球、宇宙、虛空，因為：

一、地球是無門的：地球沒有門，所以任我們在世間遨遊；只是地球雖然沒有門，卻有海洋阻隔、高山阻擋，乃至有氣候冷暖之不同。尤其現在有人為的海關，也就是各個國家的國門，有時受限於各種規定，外人也難以進出，甚至自己的國家也有「國門難進」之歎，所幸一些民主開放的國家，都歡迎各國人士進入。

二、宇宙是無門的：宇宙無門，但是人之一生，窮百年歲月也難究其奧秘。宇宙之深奧，不但科學家未必能研究出宇宙世界的真象，哲學家也無法把真實的宇宙描寫出來，宗教家更是各說各的宇宙觀，只有佛教講到宇宙，時間是無始無終、無去無來，空間是無內無外、無遠無近。因為時空無限，所以在無限的時空中，人的生命可以一直流轉、輪迴；

因為宇宙無門，因此人生三世可以無限的昇華、延伸。

三、虛空是無門的：虛空無相，所以無門；因其無形，不會有礙。虛空包含了許多的星球，虛空也包含了宇宙。佛經講，若人欲識佛境界，當淨其意如虛空，真正懂得虛空的人，只有悟道者；當一個人證悟了宇宙人生的真理，他的生命就能遍滿虛空，充塞法界。世間上為什麼人與人、國與國之間會有鬥爭？因為感覺空間太小；如果心如虛空，等於人生的境界寬廣擴大，還要計較什麼你我呢？因此在無限的虛空中，只要我們的心量能與虛空相應，只要人人能「心包太虛，量周沙界」，一個人如此，千萬億人如此，世界自然無爭。

四、禪修是無門的：禪門有大門、小門，還有「無門關」。所謂「參禪須透祖師關，妙悟要窮心路絕；祖關不透，心路不絕，盡是依草附木精靈。」祖師關只在一個「無」字，也就是說入悟應以「無」

為「門」。「無門」才是「門」，所以人人要禪修；一旦超越了「無門」之門，即所謂「無修而修，無證而證」。到了那個時候，就能與三世諸佛同在，就能與古往今來同生，就能把身心融化於大宇之中，這是因為「心門已開」，因此能「透三關」，也就是參透「無門之門」。

綜上四點，人與人之間，不要把自己的心門塵封起來，也不要把家門關閉起來，雖然居家平時要注意門戶安全，不要被小偷光顧，但也不能為了防範宵小，而阻礙了善緣好事的進入，所以要另開方便法門，要把人我之門打開，能以「無門」為門，才能悠遊法界。

讓人接受

各位讀者，大家吉祥！

我們送人禮物，都希望對方能接受；我們說什麼言語，也要能讓人接受。讓人接受，這是今日社會處眾的重要課題。

人不可以孤芳自賞，你學問好，人家不接受；你能力強，人家也不接受。甚至你有錢，人家不要，你有好意，人家不了解，這就顯出「讓人接受」的重要了。

怎樣才能讓人接受呢？

一、**善意要能尊重**：我給人善意，我給人好心，我給人一些幫助，我給人一些因緣；但是你要能尊重他的人格，讓他感覺受人尊重，他才肯接受。千萬不要以為人人都喜歡吃「嗟來食」，所以在佛教裡，「打齋」的施主反過來還要「拜齋」。

二、**規勸要能誠懇**：我們想要給人一些忠告，一些規勸，甚至藉機給他一些教育。首先，你必須要以誠懇的態度，讓他感受到你是以愛他為出發點，他感受到你的誠懇、善意，當能接受你的規勸。如果讓他覺得你不懷好意，甚至責怪他、嘲諷他，可能他就不會接受你的好意。所以，父母規勸兒女，師長規勸學生，朋友勸告朋友，長官勸告部下，都要帶著誠懇的態度，最為重要。

三、**責備要能慚愧**：有時候我們責備人，假如盛氣凌人，對方必定難以接受；如果我們先自責，先表示自己慚愧，自己無德服人，自己

領導能力不夠，自己做事多所缺陷。你先自我表示慚愧，之後才來責備他，他會虛心接納。除非你是長者、老師，否則責備別人的時候，沒有自慚、自愧，光是責備別人，不能收到效果。

四、冤枉要能開導：人世間，常有一些不白之冤，尤其監獄裡更是怨氣沖天，因為即使死刑犯，也有許多是冤枉的。有了冤枉，能申訴當然很好，不能申訴，難道就讓自己走上絕路嗎？所以人要有接受冤枉的力量，自己沒有力量，就要靠別人開導了。宗教師到監獄裡，對受刑者並沒有減刑的力量，只能開導他，讓他明白因果道理，讓他有力量和勇氣面對冤枉、接受冤枉，等待有機會時再來申訴冤屈。所以，面對一個受冤枉的人，需要給予開導，至

為重要。

五、委屈要能代替：一個人本來可以升任總經理，但你只讓他做到副總經理，他覺得委屈，可能產生反感，從此工作不力，影響整個團隊的利益。這時就得有一些代替的方法，例如給他獎狀、為他加薪、幫他準備大一點的辦公室等。因為有了代替的補償，增加對等的條件，他心中的氣才會平，事情才好做，否則委屈是很難忍受的。

所謂「佛要一爐香，人爭一口氣」，當一個人受到委屈的時候，他感到不平，無法釋懷，只有以生氣來抗爭，或是以懈怠來抗爭，如此於人於己都不利。此時若能給他一些代替的安慰，或許能化解他心中的委屈，讓他接受事實。所以，讓人接受，是一門很大的學問。

二十畫

二十一畫

二十二畫

二十三畫

二十四畫

二十五畫

十八畫

十九畫

十六畫

十七畫

十五畫

十四畫

十三畫

十二畫

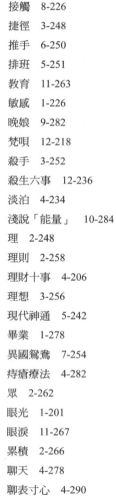

十一畫

十畫

九畫

八畫

七畫

六畫

五畫

四畫

三畫

篇名索引

國家圖書館出版品預行編目資料

悟者的心境／星雲大師著. --初版. --臺北市：
香海文化, 2009.03　面；　公分. --（人間萬事. 12, 修持觀）
ISBN　978-986-6458-11-8（精裝）
1.佛教說法
225　98000493

人間佛教叢書
人間萬事⑫修持觀

悟者的心境

作　　者／星雲大師
發 行 人／慈容法師（吳素真）
主　　編／蔡孟樺
繪　　者／小魚
資料提供／佛光山法堂書記室
責任編輯／高雲換
美術編輯／蔣梅馨・方本傑
書盒設計／蔣梅馨
封面設計／陳柏蓉（特約）
校　　對／李育麗・高雲換・陳蕙蘭・周翠玉

出版・發行／香海文化事業有限公司
地址／24150台北縣三重市三和路三段117號6樓
　　　11087台北市信義區松隆路327號9樓
電話／(02)2971-6868
傳真／(02)2971-6577
郵撥帳號／19110467 香海文化事業有限公司
http://www.gandha.com.tw
e-mail:gandha@ms34.hinet.net

總經銷／時報文化出版企業股份有限公司
地址／235 台北縣中和市連城路134巷16號
電話／(02)2306-6842
法律顧問／舒建中、毛英富
登記證／局版北市業字第1107號
ISBN／978-986-6458-00-2
十二冊套書／原價3600元　典藏價2500元
　　　單本／定價 300元　典藏價 199元
2009年3月初版一、二刷 2009年8月三刷 2009年12月四刷
2013年5月初版五刷